Segredos da capacitação

John C. Maxwell

Segredos da Capacitação

Tradução
Valéria Delgado e Jorge Camargo

Vida Melhor
Rio de Janeiro, 2016

Título original: Equipping 101

Copyright © 2002, 2003, 2003, 2002 por John Maxwell
Edição original por Thomas Nelson, Inc. Todos os direitos reservados.
Copyright da tradução © Thomas Nelson Brasil, 2008.

Publisher	*Omar de Souza*
Editores Responsáveis	*Aldo Menezes e Samuel Coto*
Coordenação de produção	*Thalita Aragão Ramalho*
Tradução	*Valéria Delgado e Jorge Camargo*
Capa	*Rafael Brum*
Revisão	*Margarida Seltmann*
	Cristina Loureiro de Sá Neves Motta
	Joanna Barrão Ferreira
	Mônica Surrage
Projeto gráfico e diagramação	*Lúcio Nöthlich Pimentel*

CIP-BRASIL. CATALOGAÇÃO NA FONTE
SINDICATO NACIONAL DOS EDITORES DE LIVROS, RJ

M419s

Maxwell, John C., 1947-
  Segredos da capacitação / John C. Maxwell; [tradução Valéria Lamim Delgado Fernandes e Jorge Camargo]. - Rio de Janeiro: Vida Melhor, 2016.

Tradução de: Leadership 101
ISBN 978.85.6699.735-4

1. Liderança. 2. Sucesso. I. Título.

CDD: 658.4092
CDU: 658:316.46

Todos os direitos reservados à Vida Melhor Editora S.A.
Rua Nova Jerusalém, 345 – Bonsucesso
Rio de Janeiro – RJ – CEP 21042-235
Tel.: (21) 3882-8200 – Fax: (21) 3882-8212 / 3882-8313

Sumário

Capítulo 1
Capacitação para o sucesso 07

Capítulo 2
Capacitando as pessoas certas 27

Capítulo 3
Capacitando para o patamar seguinte 73

Notas 91

Capítulo 1

Capacitação para o sucesso

Por que precisamos capacitar outras pessoas?

Um é um número muito pequeno para alcançar grandeza

Quem são os seus heróis pessoais? Tudo bem, talvez você não tenha nenhum. Deixe-me então lhe perguntar isto: quem são as pessoas que você mais admira? Com quem você mais gostaria de se parecer? Quais pessoas o estimulam ou o incentivam? Você admira...

1. Homens de negócio inovadores, tais como Sam Walton, Fred Smith ou Bill Gates?
2. Grandes atletas, tais como Michael Jordan, Tiger Woods ou Mark McGwire?
3. Gênios criativos, tais como Pablo Picasso, Buckminster Fuller ou Wolfgang Amadeus Mozart?
4. Ícones da cultura pop, tais como Marilyn Monroe, Andy Warhol ou Elvis Presley?
5. Líderes espirituais, tais como John Wesley, Billy Graham ou Madre Teresa?
6. Líderes políticos, tais como Alexandre, o Grande, Carlos Magno ou Winston Churchill?

7. Gigantes da indústria do cinema, tais como D.W. Griffith, Charlie Chaplin ou Steven Spielberg?
8. Arquitetos e engenheiros, tais como Frank Lloyd Wright, os irmãos Starrett ou Joseph Strauss?
9. Pensadores revolucionários, tais como Marie Curie, Thomas Edison ou Albert Einstein?

Talvez sua lista inclua pessoas em áreas não mencionadas.

É seguro dizer que todos nós admiramos empreendedores. E nós, norte-americanos, especialmente, adoramos pioneiros, indivíduos ousados, pessoas que lutam sozinhas, a despeito de indefinições ou oposição: o colonizador que estabelece um lugar para si nos ermos da fronteira, o xerife do Velho Oeste que resolutamente encara um inimigo em um duelo, o piloto que bravamente voa sozinho cruzando o Oceano Atlântico e o cientista que muda o mundo por meio do poder de sua mente.

O MITO DO ZORRO, O CAVALEIRO SOLITÁRIO

Apesar de admirarmos os empreendimentos solitários, a verdade é que nenhum indivíduo sozinho fez alguma coisa que realmente tenha valor. A crença de que uma pessoa só pode fazer algo grandioso é um mito. Não há Rambos reais que possam conquistar um exército hostil por si mesmos. Até mesmo Zorro, o Cavaleiro Solitário, não foi verdadeiramente um solitário. Por onde ia ele tinha a companhia de Tonto!

Nada muito significativo foi alcançado por um indivíduo que tenha agido sozinho. Olhe abaixo da superfície e verá que atos aparentemente solitários são na verdade esforços de equipe. O colonizador Daniel Boone teve companheiros da Companhia Transilvânia, enquanto deixava marcas pela estrada que atravessa o deserto. O xerife Wyatt Earp teve dois irmãos e Doc Holliday, que cuidaram dele. O aviador Charles Lindbergh teve o apoio de nove empresários de St. Louis e os serviços da Companhia Aeronáutica Ryan, que construiu seu avião. Mesmo Albert Einstein, o cientista que revolucionou o mundo com sua teoria da relatividade, não trabalhou no vácuo. A respeito da dívida que tinha para com outras pessoas, Einstein certa vez observou: "Muitas vezes ao dia percebo o quanto minha própria vida, exterior e interior, está construída sobre o labor de meus companheiros, vivos e mortos, e o quão sinceramente devo esforçar-me a fim de devolver tudo o que tenho recebido." É fato que a história de nosso país é marcada pelas realizações de muitos líderes corajosos e indivíduos inovadores que correram riscos consideráveis. Mas essas pessoas sempre fizeram parte de equipes.

O economista Lester C. Thurow comentou sobre o assunto:

> Não existe nada que vá contra o trabalho em equipe na história, cultura ou tradição norte-americanas. Equipes são importantes na história dos Estados Unidos — os vagões de trem conquistaram o Oeste, homens trabalhando juntos em uma linha de produção na indústria norte-americana conquistaram o mundo, uma estratégia nacional de sucesso e muito trabalho em equipe levaram os Estados Unidos, o primeiro país, a viajar para a Lua (e até aqui, o único). Mas a

mitologia norte-americana exalta somente o indivíduo... Nos Estados Unidos, *halls* da fama existem para quase toda a atividade concebível, mas em nenhum lugar no país erguem-se monumentos em honra ao trabalho em equipe.

Devo dizer que não concordo com todas as conclusões de Thurow. Afinal, já vi o memorial de guerra da Marinha em Washington D.C., que homenageia o hasteamento da bandeira em Iwo Jima. Mas ele está certo sobre algo. O trabalho em equipe é e sempre foi essencial na edificação dos Estados Unidos. E isso também se ajusta a todos os países do mundo.

Um provérbio chinês declara: "Por trás de um homem capaz há sempre outros homens capazes." E a verdade é que o trabalho em equipe está no cerne de uma grande realização. Não se pergunta se o trabalho em equipe tem valor. O que se pergunta é se ele tem seu valor reconhecido e se isso nos torna melhores membros de uma determinada equipe. É por isso que afirmo que um é um número muito pequeno para se alcançar grandeza.

Você não consegue fazer nada de real valor sozinho. Se você levar isso verdadeiramente a sério, começará a enxergar o valor do desenvolvimento e da capacitação dos membros de seu grupo.

Eu o desafio a pensar em um ato de genuína significância na história da humanidade que tenha sido realizado por apenas um ser humano. Não importa o que você mencionar, descobrirá que um grupo de pessoas estava envolvido. É por isso que o presidente Lyndon Johnson disse: "Não há problemas que não possamos resolver juntos, e muito poucos que possamos resolver por nós mesmos."

C. Gene Wilkes, em seu livro, *Jesus on Leadership* [Jesus na liderança], observou que o poder das equipes não é evidente somente no mundo moderno dos negócios, mas que também tem uma história notória até mesmo nos tempos bíblicos. Wilkes afirma que:

- Equipes envolvem mais pessoas, demandando assim mais recursos, ideias e energia que um único indivíduo.
- Equipes maximizam o potencial de um líder e minimizam suas fraquezas. Pontos fortes e fracos estão mais expostos em indivíduos.
- Equipes oferecem múltiplas perspectivas de como suprir uma necessidade ou atingir um objetivo, delineando assim muitas alternativas para cada situação.
- Equipes compartilham o crédito pelas vitórias e a responsabilidade por perdas. Isso fomenta humildade e comunidade autênticas.
- Equipes mantêm os líderes responsáveis pelo alvo.
- Equipes podem simplesmente fazer mais que um indivíduo.

Se você quer alcançar o seu potencial ou lutar por aquilo que é aparentemente impossível — como comunicar sua mensagem dois anos depois que você partiu — precisa se tornar membro de uma equipe. Isto pode ser um clichê, porém é verdadeiro: indivíduos jogam a partida, mas equipes vencem os campeonatos.

Por que ficamos sozinhos?

Sabendo tudo o que sabemos sobre o potencial das equipes, por que algumas pessoas ainda insistem em fazer as coisas sozinhas? Eu creio que há vários motivos:

1. Ego

Poucas pessoas gostam de admitir que não podem fazer tudo, ainda que essa seja a realidade da vida. Não há super-homens ou supermulheres. Portanto, a pergunta não é se você pode fazer tudo sozinho, mas quanto tempo levará para perceber que não pode.

O filantropo Andrew Carnegie declarou: "Há um grande marco em seu desenvolvimento quando você percebe que outras pessoas podem ajudá-lo a fazer uma tarefa melhor do que se fizesse sozinho." Para fazer algo realmente grande, abra mão de seu ego e prepare-se para ser parte de uma equipe.

2. Insegurança

Em meu trabalho com líderes, percebo que alguns indivíduos fracassam na promoção do trabalho em grupo e na capacitação dos membros de sua equipe para liderança porque se sentem ameaçados por outras pessoas. O político florentino do século XVI, Maquiavel, fez observações semelhantes, que provavelmente o levaram a escrever: "O primeiro método para avaliar a inteligência de um governante é o de observar os homens que ele tem à sua volta."

Eu acredito que a insegurança, ao contrário do julgamento pobre ou da falta de inteligência, na maioria das vezes, leva líderes a se cercarem de pessoas fracas. Somente líderes seguros dão poder aos outros. Por outro lado, líderes inseguros normalmente fracassam ao montar equipes por uma das duas razões: ou porque querem manter o controle sobre tudo pelo qual são responsáveis, ou porque temem ser substituídos por alguém mais capaz. Em ambos os casos, os líderes que não conseguem promover o trabalho em equipe subestimam seu próprio potencial e minam os melhores esforços das pessoas com quem trabalham. Eles ganhariam muito com o conselho do presidente Woodrow Wilson: "Devemos não somente usar os cérebros que temos, mas todos os que pudermos emprestar."

3. Ingenuidade

O consultor John Ghegan tem uma placa sobre a sua mesa com a seguinte frase: "Se tivesse que fazer tudo de novo, arrumaria ajuda." Essa observação representa de forma exata os sentimentos do terceiro tipo de pessoa que não consegue se tornar um formador de equipes. Essas pessoas, ingenuamente, subestimam a dificuldade de se realizar grandes coisas. Como consequência, tentam seguir adiante sozinhas.

Algumas pessoas desse grupo se dão bem no final. Elas descobrem que seus sonhos são maiores que suas capacidades, percebem que não vão alcançar seus objetivos sozinhas e se ajustam. Fazem da montagem de equipes sua estratégia para a realização de metas. Mas outras aprendem a verdade muito tarde e, como consequência, nunca alcançam seus objetivos. E isso é uma pena.

4. Temperamento

Algumas pessoas não são muito sociáveis e simplesmente não pensam em formar equipes ou capacitá-las. Quando enfrentam desafios, nunca pensam em aliar-se a outros para obter algo.

Como uma pessoa amistosa, tenho dificuldade com esse tipo de situação. Toda vez que encaro qualquer tipo de desafio, a primeira coisa que faço é pensar nas pessoas que quero na equipe para me ajudar. Fui assim desde criança. Sempre pensei, *por que trilhar a jornada sozinho se você pode convidar outros para trilhá-la com você?*

Entendo que nem todo o mundo funciona assim. Caso você esteja naturalmente inclinado a ser parte de uma equipe, ou não, isso é irrelevante. Se você faz tudo sozinho e nunca estabelece parceria com outras pessoas, cria barreiras enormes ao seu próprio potencial. O Dr. Allan Fromme disse: "As pessoas são conhecidas por alcançar mais como consequência de trabalharem com outras do que contra elas." Que declaração mais sutil! É preciso uma equipe para se fazer algo de valor permanente. Além disso, mesmo a pessoa mais introvertida do mundo pode aprender a desfrutar dos benefícios de estar em uma equipe (isso é verdade, mesmo se alguém não estiver tentando realizar algo grande).

Anos atrás, meu amigo Chuck Swindoll escreveu um texto em *The Finishing Touch* [O toque final] que resume a importância do trabalho em equipe. Ele disse:

> Ninguém é uma equipe inteira... precisamos uns dos outros. Você precisa de alguém e alguém precisa de você. Não somos ilhas isoladas. Para fazer esta

coisa chamada vida funcionar, temos que nos curvar e dar apoio. E nos relacionar e responder. E dar e receber. E confessar e perdoar. E estender a mão e abraçar e confiar... uma vez que nenhum de nós é um fora de série inteiro, independente, autossuficiente, supercapaz e todo-poderoso, vamos parar de agir como se fôssemos. A vida é solitária o suficiente sem que façamos esse papel estúpido. O jogo acabou. Vamos nos ligar.

Para a pessoa que tenta fazer tudo sozinha, o jogo realmente acabou. Se você quer fazer algo grande, deve se juntar a outros. Um é um número muito pequeno para alcançar grandeza.

Como posso adotar uma mentalidade de equipe?

INVESTIR EM UMA EQUIPE É A GARANTIA DO RETORNO DO ESFORÇO, PORQUE UMA EQUIPE PODE FAZER MUITO MAIS DO QUE INDIVÍDUOS

Ele é um dos maiores formadores de equipes do mundo esportivo, ainda que você provavelmente nunca tenha ouvido sobre ele. Aqui está uma lista de suas impressionantes realizações:

- 40 temporadas consecutivas de basquete com no mínimo 20 vitórias.
- Cinco campeonatos nacionais.

- Numero um no ranking em sua região por vinte dos últimos 33 anos.
- 87% de vitórias em toda a carreira.

Seu nome é Morgan Wootten. E por que a maioria das pessoas nunca ouviu sobre ele? Porque ele é um treinador de basquete de alunos do segundo grau!

Se perguntadas sobre quem seria o maior treinador de basquete de todos os tempos, a maioria responderia Red Auerback ou John Wooden. Mas você sabe o que John Wooden, o treinador da Universidade da Califórnia chamado de "Mago de Westwood", disse sobre Morgan Wootten? Ele foi enfático em sua avaliação:

> As pessoas dizem que Morgan Wootten é o melhor treinador de alunos de segundo grau no país. Eu discordo. Não conheço técnico melhor em nenhum outro nível — segundo grau, universidade ou profissional. Já disse isso em outro lugar e vou dizer aqui: fico de boca aberta diante dele.[1]

Essa é uma recomendação bem contundente de um homem que venceu dez campeonatos nacionais e foi técnico dos jogadores mais talentosos do mundo, incluindo Kareem Abdul-Jabar (a propósito, quando Kareem era aluno de segundo grau na Academia Power Memorial, seu time perdeu somente um jogo — para o time de Morgan Wootten!).

SEM PLANOS DE SER UM FORMADOR DE EQUIPE

Morgan Wootten nunca planejou ser um técnico de basquete. Ele foi um bom atleta no segundo grau, mas nada especial. No entanto, tinha uma ótima conversa. Quando estava crescendo, sua ambição era a de ser um advogado. Mas, aos 19 anos, na faculdade, um amigo, por brincadeira, incitou-o a aceitar a tarefa de dirigir um time de *baseball*, um jogo que ele conhecia muito pouco, formado por meninos de um orfanato. O time não tinha uniformes nem equipamento. E, embora se esforçassem, os meninos perderam todos os 16 jogos que disputaram.

Durante a primeira temporada, Wootten apaixonou-se por aqueles meninos. Quando pediram que voltasse e dirigisse o time de futebol americano, ele não pôde recusar. Além disso, ele havia jogado futebol americano no segundo grau, de modo que sabia algo sobre o esporte. O time do orfanato ganhou invicto o campeonato da Liga de Jovens Católicos. Wootten começou a perceber que queria investir seu tempo nas crianças, e não em casos judiciais.

Já naquele primeiro ano ele fez diferença na vida dos meninos. Ele lembra um garoto em particular que havia começado a roubar e era constantemente levado para o orfanato pela polícia. Ele descreveu o menino como já tendo "duas jogadas e meia contra ele". Wootten explicou ao garoto que ele estava enrascado. Mas também o colocou sob sua proteção. Wootten recorda:

> Começamos a passar tempo juntos. Eu o levei para a minha casa e ele adorava as refeições preparadas por minha mãe. Ele passou finais de semana conos-

co. Ficou amigo de meu irmão e de minhas irmãs. Ele ainda está em Washington hoje, indo muito bem e conhecido por muitas pessoas. Qualquer um teria orgulho de chamá-lo de filho. Ele, no entanto, estava destinado a uma vida de crimes e prisão, e talvez algo ainda pior, até que alguém lhe deu o maior presente que um pai ou mãe pode dar a um filho — seu tempo.

Dar de si às pessoas em seus times é algo que Wootten tem feito desde então. O técnico de basquete Marty Fletcher, um ex-jogador e assistente de Wootten, resumiu seu talento desta maneira: "O segredo dele é que ele faz qualquer pessoa com quem esteja sentir-se a pessoa mais importante no mundo."[2]

CRIANDO UMA DINASTIA

Não passou muito tempo até que Wootten fosse convidado para se tornar técnico-assistente de uma influente escola de segundo grau. Então, com alguns anos de experiência em seu currículo, tornou-se o técnico principal da Escola de Segundo Grau DeMatha.

Quando começou na escola, em 1956, Wootten falava a derrotados. Ele convocou todos os alunos que queriam praticar esportes na DeMatha e lhes disse:

> Pessoal, as coisas vão mudar. Eu sei que os times da DeMatha têm jogado mal nos últimos anos, mas agora chega. Nós iremos vencer e estabelecer uma tradição de vitória. A começar agora mesmo..., mas deixe-me dizer-

-lhes como iremos fazer isso. Nós iremos nos desdobrar em cada time que jogarmos... com muito trabalho, disciplina e dedicação, as pessoas irão ouvir sobre nós e nos respeitar, porque DeMatha será uma escola vencedora.[3]

Naquele ano, o time de futebol americano venceu metade de seus jogos, o que foi uma grande conquista. No basquete e no *baseball*, eles foram campeões de divisão. Seus times têm ganhado desde então. DeMatha tem sido considerada, já há um bom tempo, uma dinastia.

No dia 13 de outubro de 2000, Wootten foi empossado no Naismith Hall da Fama do Basquete, em Springfield, Massachusetts. Na ocasião, seus times haviam acumulado um recorde de 1.210 pontos em 183 partidas. Mais de 250 de seus jogadores ganharam bolsas de estudo universitárias. Doze dos jogadores de segundo grau foram jogar na NBA.[4]

Não é o basquete

Mas ganhar jogos e honrarias não é o que mais estimula Wootten. É o investir em crianças. Wootten diz:

> Técnicos de todos os níveis têm, às vezes, a tendência de perder de vista seus propósitos, principalmente depois da chegada do sucesso. Eles começam a colocar o carro na frente dos bois, trabalhando cada vez mais duro para desenvolver seus times, usando seus meninos e meninas para fazer isso, esquecendo-se aos poucos de que o propósito real deles deveria ser o de desenvolver as crianças, usando seus times para tal.[5]

A postura de Wootten traz benefícios não somente para o time, como também para os indivíduos. Por exemplo, por 26 anos, cada um dos titulares de Wootten ganhou bolsas de estudo — não somente os titulares, como também os reservas.

Com o tempo, capacitar seu time só produz dividendos. Morgan Wootten capacita seus jogadores porque essa é a coisa certa para se fazer, porque ele se importa com eles. Essa prática tem aprimorado seus jogadores, levado sucesso aos seus times e tornado sua carreira extraordinária. Ele é o primeiro treinador de basquete a conseguir ganhar 1.200 jogos em todas as categorias. Desenvolver pessoas dá retorno, em todos os sentidos.

COMO INVESTIR EM SEU TIME

Eu acredito que a maioria das pessoas reconhece que investir em um time beneficia o grupo todo. Como fazer isso? Vamos aos dez passos que você pode dar para investir em seu time.

Aqui está como começar:

1. Tome a decisão de montar um time — este é o início do investimento na equipe

Dizem que uma jornada começa com o primeiro passo. Decidir que as pessoas que compõem o time merecem ser capacitadas e desenvolver-se é o primeiro passo para montar uma equipe melhor. Isso requer compromisso.

2. Reúna o melhor time possível — isso eleva o potencial da equipe

Quanto melhores forem as pessoas do time, maior o seu potencial. Só há um tipo de time para o qual você não deve sair procurando pelos melhores jogadores disponíveis, e esse é a família. Você precisa agarrar-se a esses companheiros de equipe nos bons e maus momentos. Mas qualquer outro tipo de time pode se beneficiar do recrutamento das melhores pessoas possíveis e disponíveis.

3. Pague o preço de desenvolver o time — isso assegura o crescimento da equipe

Quando Morgan Wootten decidiu colaborar com o garoto mencionado anteriormente, ele e sua família tiveram que pagar o preço por isso. Não foi conveniente ou confortável. Custou a eles energia, dinheiro e tempo.

Não é fácil desenvolver um time. Você terá de dedicar tempo, que poderia ser utilizado para sua produtividade pessoal. Você terá de gastar aquele dinheiro que poderia ser usado para o seu benefício particular. E às vezes, você terá de colocar de lado sua própria agenda.

4. Façam coisas juntos, como time — isso produz espírito de equipe

Certa vez, li esta declaração: "Mesmo quando você jogou o jogo de sua vida, é do sentimento do trabalho em equipe que você se lembra. Você esquecerá as jogadas, os chutes e os placares, mas nunca se esquecerá de seus colegas de time." Essa é a descrição do sentimento de equipe que se desenvolve entre companheiros de grupo que passam algum tempo fazendo coisas juntos.

A única maneira de desenvolver um espírito comunitário e coeso entre colegas de equipe é fazer com que estejam juntos, não só no ambiente profissional, mas também no que diz respeito à vida pessoal. Há muitas maneiras de se relacionar com seus companheiros de time e de conectá-los uns aos outros. Muitas famílias que querem se sentir unidas descobrem que acampar é muito bom. Colegas de trabalho podem se reunir fora do escritório (de maneira apropriada). O onde e o quando não são tão importantes; o importante é os membros da equipe compartilharem experiências comuns.

5. Revista os membros da equipe de responsabilidade e autoridade — isso suscita líderes para o time

O crescimento individual é consequência do método de tentativa e erro no que tange à experiência pessoal. Qualquer time que queira pessoas com elevado nível de desempenho — e níveis mais altos de liderança — deve transmitir aos membros da equipe autoridade e responsabilidade. Se você é um líder em seu time, não proteja sua posição ou acumule poder. Abra mão dele. Essa é a única maneira de capacitar sua equipe.

6. Dê crédito ao sucesso do seu time — isso eleva o moral da equipe

Mark Twain disse: "Eu posso viver por dois meses com um bom elogio." Esse é o modo como a maioria das pessoas se sente. Elas estão dispostas a trabalhar duro se receberem reconhecimento por seus esforços. Elogie seus colegas de equipe. Exalte suas conquistas. E, se for o líder, retire a culpa, mas nunca o crédito. Faça isso e sua equipe sempre lutará por você.

7. Observe e veja que o investimento no time compensa — isso traz responsabilidade à equipe

Se você coloca dinheiro em um determinado investimento, espera retorno — talvez não imediato, mas certamente a longo prazo. Como saberá se está ganhando ou perdendo dinheiro? Você tem de estar atento e medir seu progresso.

A mesma verdade se aplica ao investimento em pessoas. Você precisa observar se está obtendo retorno em relação ao tempo, energia e recursos que está colocando nelas. Algumas pessoas se desenvolvem rapidamente. Outras são mais lentas para responder, mas tudo bem. O resultado principal é progresso.

8. Pare de investir em jogadores que não crescem — isso elimina as maiores perdas para a equipe

Uma das experiências mais difíceis para qualquer membro de equipe é deixar um colega de time para trás. No entanto, é isso o que você deve fazer se algum membro do seu time se recusar a crescer ou a mudar em benefício dos colegas de equipe. Isso não significa que você ame menos a pessoa. Apenas mostra que você deve parar de gastar seu tempo tentando investir em alguém que não vai ou não pode fazer com que o time seja melhor.

9. Crie novas oportunidades para o time — isso permite que a equipe se desdobre

Não há maior investimento que você possa fazer em um time do que o de dar a ele novas oportunidades. Quando uma equipe tem a possibilidade de pisar em terreno novo ou encarar novos desafios, ela tem de se desdobrar para superá-los. Esse processo não somente dá ao time uma oportunidade de crescer, como também beneficia todos os indivíduos. Todos têm a oportunidade de crescer de acordo com o seu potencial.

10. Dê ao time a melhor oportunidade possível de ser bem-sucedido — isso garante alto retorno à equipe

James E. Hunton disse: "Juntar-se é um começo. Continuar juntos é progresso. Trabalhar juntos é sucesso." Uma das tarefas mais essenciais que você pode realizar é a de retirar os obstáculos de modo que o time tenha a melhor possibilidade possível de trabalhar em busca do sucesso. Se você é membro de uma equipe, isso pode significar fazer o sacrifício pessoal de ajudar os outros a trabalhar melhor juntos. Se você é um líder, isso significa criar um ambiente agradável para o time e capacitar cada pessoa para o que ela necessita, em qualquer tempo, para alcançar o sucesso.

Investir em uma equipe quase sempre assegura um alto retorno em relação ao esforço, porque o time pode fazer muito mais que indivíduos. Ou, como Rex Murphy, um dos frequentadores de minhas conferências, disse-me: "Onde há uma vontade, há um caminho; onde há uma equipe, há mais que um caminho."

Meu investimento pessoal — e retorno

Uma vez que você tenha experimentado o que significa investir em seu time, nunca conseguirá parar. Pensar em minha equipe — em como meus colegas de grupo agregam valor a mim enquanto eu agrego valor a eles — me traz alegria abundante. E assim como meu investimento e o retorno deles, minha alegria continua rendendo.

Nesse estágio de minha vida, tudo o que faço é um esforço de equipe. Quando comecei a dar seminários, eu fazia tudo. É certo que havia outras pessoas por perto, mas eu era tão apto a empacotar e despachar uma caixa quanto era para falar. Agora eu chego e ensino. Minha maravilhosa equipe toma conta do restante. Até mesmo o livro que você está lendo é resultado de um esforço de equipe. Eu faria qualquer coisa pelas pessoas em minha equipe, porque eles fazem tudo para mim:

Minha equipe me faz melhor do que sou.
Minha equipe multiplica meu valor para os outros.
Minha equipe me capacita a fazer melhor o que faço.
Minha equipe me dá mais tempo.
Minha equipe me representa onde eu não posso ir.
Minha equipe fornece espírito comunitário para o nosso deleite.
Minha equipe realiza os desejos do meu coração.

Se suas atuais experiências em equipe não são tão positivas quanto você gostaria que fossem, então é tempo de aumentar o seu nível de investimento. Montar e capacitar um time para o futuro é como desenvolver um pé-de-meia. Pode começar vagarosamente, mas o que você poupa traz alto retorno — semelhante aos juros compostos na economia. Tente e você descobrirá que investir em uma equipe traz dividendos com o passar do tempo.

Capítulo 2

Capacitando as pessoas certas

A quem eu devo capacitar?

AQUELES QUE ESTIVEREM MAIS PRÓXIMOS DO LÍDER DETERMINARÃO O NÍVEL DE SUCESSO DELE

Certa noite, depois de trabalhar até tarde, apanhei uma cópia da revista *Sports Illustrated*, na esperança de que suas páginas embalassem meu sono. O efeito foi contrário. Em sua contracapa, havia uma propaganda que chamou minha atenção e estimulou minhas emoções. Ela mostrava uma foto de John Wooden, o técnico que dirigiu os Bruins da Universidade da Califórnia por muitos anos. O texto da legenda informava o seguinte: "O camarada que coloca a bola no aro tem dez mãos."

John Wooden foi um grande treinador de basquete. Chamado de "Mágico de Westwood", ele conquistou dez campeonatos para a Universidade da Califórnia, em vinte anos. Duas conquistas consecutivas não são muito alardeadas no mundo dos esportes competitivos, mas ele conduziu os Bruins a sete títulos seguidos. Isso demandou um nível consistente de desempenho acima da média, bom padrão de treinamento e trabalho duro. Mas a chave para o sucesso dos Bruins foi a dedicação incansável do técnico Wooden ao seu conceito de trabalho em equipe.

Ele sabia que, se você supervisiona pessoas e deseja desenvolver líderes, deve se responsabilizar por (1) apreciá-los por quem eles são; (2) crer que farão o melhor deles; (3) elogiar suas realizações e (4) aceitar sua responsabilidade pessoal como líder.

O técnico Bear Bryant expressou esse mesmo sentimento ao declarar: "Eu sou apenas um lavrador do Arkansas, mas aprendi a manter uma equipe unida — como motivar alguns homens, como acalmar outros, até que finalmente eles tenham os corações pulsando no mesmo ritmo como uma equipe. Há sempre três coisas que digo: se algo dá errado, fui eu. Se algo vai mais ou menos, fomos nós. Se algo vai muito bem, foram eles. Isso é tudo o que é preciso para fazer as pessoas vencerem." Bear Bryant conquistou pessoas e títulos. Até bem pouco tempo atrás, ele sustentou a marca de treinador mais vitorioso na história do futebol americano universitário, com 323 vitórias.

Grandes líderes — os que foram verdadeiramente bem-sucedidos e que representam 1% — têm algo em comum. Eles sabem que conquistar e manter pessoas boas é a tarefa mais importante de um líder. Uma organização não pode aumentar sua produtividade — mas pessoas podem! O ativo verdadeiramente apreciado dentro de uma organização são as pessoas. Os sistemas desatualizam-se. Os prédios se deterioram. O maquinário se desgasta. Mas as pessoas podem crescer, desenvolver-se e tornar-se mais eficazes se tiverem um líder que compreenda o seu valor em potencial.

Se você realmente quer ser um líder de sucesso, deve desenvolver e capacitar outros líderes ao seu redor. Você deve encontrar uma maneira de passar adiante a sua visão, implementá-la, e fazê-la contribuir para o time. O líder vê o todo, mas precisa que outros líderes o ajudem a fazer daquilo que ele tem em mente uma realidade.

A maioria dos líderes tem seguidores a sua volta. Esses líderes acreditam que a chave para a liderança é ganhar mais seguidores. Poucos líderes cercam-se de outros líderes, mas os que assim o fazem valorizam suas organizações. E, dessa maneira, eles têm não somente seus fardos aliviados, como também sua visão levada adiante e ampliada.

QUEM VOCÊ CAPACITA REALMENTE IMPORTA

A chave para cercar-se de outros líderes é encontrar as melhores pessoas que você puder, e então equipá-las para que se tornem os melhores líderes que puderem ser. Grandes líderes produzem outros líderes. Vou explicar o porquê.

OS MAIS PRÓXIMOS DO LÍDER DETERMINARÃO O NÍVEL DE SUCESSO DESSE LÍDER

O grande princípio de liderança aprendido por mim nos últimos trinta anos é o de que as pessoas mais próximas do líder determinarão o nível de sucesso desse líder. Uma leitura negativa dessa declaração também é verdadeira: os mais próximos do líder determinarão o nível de fracasso desse líder. Em outras palavras, as pessoas próximas a mim "me fazem ou me quebram". A determinação de um resultado positivo ou negativo em minha liderança depende de minha habilidade, como líder, de desenvolver e capacitar os que estão mais próximos de mim. Também depende de minha habilidade em reconhecer o valor que os outros trazem à organização. Meu objetivo não é ter uma multidão de seguidores. Meu objetivo é desenvolver líderes que se tornem um movimento.

Pare por um momento e pense em cinco ou seis pessoas mais próximas a você, em sua organização. Você as está desenvolvendo? Possui uma estratégia para o crescimento delas? Elas estão sendo devidamente capacitadas para a liderança? Elas têm conseguido aliviar o seu fardo?

Em minha organização o desenvolvimento de liderança é constantemente enfatizado. Na primeira sessão de treinamento, dou aos novos líderes este princípio: como um líder em potencial, você é um ativo ou um passivo para a organização. Ilustro essa verdade ao contar a história dos baldes. "Quando há um problema, um 'incêndio' na organização, vocês, como líderes, são os primeiros a chegar ao local. Vocês têm em suas mãos dois baldes. Um contém água e o outro contém gasolina. A 'faísca' diante de você se tornará um problema ainda maior se você jogar gasolina, mas pode ser extinguida se você jogar água."

Todas as pessoas dentro da organização também carregam dois baldes. A pergunta que um líder precisa fazer é a seguinte: "Eu as estou treinando para usar gasolina ou água?"

O POTENCIAL DE CRESCIMENTO DE UMA ORGANIZAÇÃO ESTÁ DIRETAMENTE RELACIONADO AO POTENCIAL DE SEU PESSOAL

Ao ministrar conferências para líderes, frequentemente faço a seguinte declaração: "Faça crescer um líder — faça crescer a organização." Uma organização não pode crescer sem que seus líderes tenham crescido dentro dela.

Fico sempre impressionado com a quantidade de dinheiro, energia e esforço de *marketing* gastos em áreas que não produzirão crescimento. Por que fazer propaganda de que o cliente é prioridade quando o pessoal não foi treinado no atendimento a ele? Quando os clientes chegarem, saberão a diferença entre um empregado que foi treinado a prestar atendimento e o que não foi. Folhetos lustrosos e *slogans* bem bolados não disfarçarão uma liderança incompetente.

Em 1981, tornei-me o pastor principal da igreja wesleyana Skyline em San Diego, Califórnia. Essa congregação teve uma frequência média de mil pessoas entre 1969 e 1981, o que denotava um platô. Quando assumi as responsabilidades de liderança, perguntei-me por que o crescimento havia parado. Precisava encontrar uma resposta, e então convoquei minha primeira reunião de equipe. Minha tese estava fundamentada na seguinte ideia: os líderes determinam o nível de uma organização. Desenhei uma linha em um quadro e escrevi o número mil. Compartilhei com o grupo que por 13 anos a frequência média na Skyline era de mil pessoas. Eu sabia que a equipe era capaz de conduzir mil pessoas com eficiência. O que eu não sabia era se eles poderiam conduzir 2 mil da mesma forma. Fiz uma linha pontilhada e escrevi o número 2 mil e coloquei um ponto de interrogação entre as duas linhas. Fiz então uma seta do número mil até o 2 mil e escrevi a palavra "mudança".

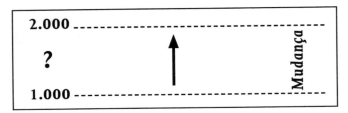

Seria minha responsabilidade capacitá-los e ajudá-los a fazer as mudanças necessárias para alcançar nosso novo objetivo. Quando os líderes mudaram de forma positiva, soube que o crescimento viria automaticamente. Mas eu teria de ajudá-los a mudarem-se a si mesmos, ou contratar outras pessoas para aquelas funções.

Entre 1981 e 1995, ministrei sobre esse assunto na Skyline em três ocasiões. Na última delas, o número 4 mil foi colocado na linha de cima. Descobri que os números mudaram, mas a aula não. A força de qualquer organização é resultado direto da força de seus líderes. Líderes fracos, organizaçóes fracas. Líderes fortes, organizações fortes. Tudo começa e termina na liderança.

LÍDERES POTENCIAIS AJUDAM A CARREGAR O FARDO

O empresário Rolland Young disse a seguinte frase: "Sou um homem que me fiz, mas penso que se tivesse de fazer tudo de novo, eu chamaria mais alguém!" Líderes normalmente fracassam ao desenvolver outros líderes porque ou carecem de treinamento ou possuem atitudes erradas no que diz respeito à permissão e ao encorajamento para que outros andem ao lado deles. Na maioria das vezes, líderes têm a convicção errônea de que devem competir com as pessoas próximas a eles em vez de trabalhar com elas. Grandes líderes possuem uma mentalidade diferente. Em Profiles in Courage [Perfis de Coragem], o presidente John F. Kennedy escreveu: "A melhor maneira de prosseguir é se dando bem com os outros." Esse tipo de interação positiva somente pode acontecer se o líder tiver uma atitude de interdependência em relação aos outros e estiver comprometido com relacionamentos benéficos para ambas as pessoas que se relacionam.

Observe as diferenças entre duas visões que líderes possuem sobre pessoas:

Vencendo por meio da competitividade	Vencendo por meio da cooperação
Olha os outros como inimigos	Olha os outros como amigos
Suspeita dos outros	Apoia os outros
Vence somente se você for bom	Vence se você ou outros forem bons
Vitória determinada por suas habilidades	Vitória determinada pela habilidade de muitos
Pequena vitória	Grande vitória
Alguma alegria	Muita alegria
Há ganhadores e perdedores	Há somente ganhadores

Peter Drucker estava correto ao dizer que "nenhum executivo jamais sofreu porque seus subordinados eram fortes e eficazes". Os líderes que me cercam carregam o meu fardo de muitas maneiras. Aqui estão duas das mais importantes:

1. Eles se tornam uma caixa de ressonância para mim. Como líder, às vezes ouço conselhos que não quero ouvir, mas que preciso. Essa é a vantagem de ter líderes à sua volta — ter pessoas que sabem tomar decisões. Seguidores lhe dizem aquilo que você quer ouvir. Líderes lhe dizem aquilo que você precisa ouvir.

Sempre encorajei os que estão mais próximos de mim a me dar conselhos antes que as decisões sejam tomadas. Ou, em outras palavras, antes que elas tenham valor potencial. Opiniões dadas depois da decisão tomada tornam-se inúteis. Alex Agase, um treinador de times universitários de futebol americano, disse: "Se você realmente quer me dar um conselho, faça isso no sábado à tarde, entre uma e quatro horas, quando tiver 25 segundos para fazê-lo, entre as jogadas. Eu sei a coisa certa a ser feita na segunda-feira."

2. Eles possuem uma mentalidade de liderança. Líderes companheiros fazem mais que trabalhar com o líder, eles pensam como líderes. Isso dá a eles o poder de aliviar o fardo, o que tem um valor incalculável nos momentos de se tomar uma decisão importante, *brainstorm*, e também na provisão de segurança e direção a outros.

Grande parte de meu tempo é gasta longe do escritório, falando em conferências e eventos. Portanto, é essencial que eu tenha líderes em minhas organizações que possam efetivamente conduzi-la quando eu estiver fora. E eles o fazem. Isso acontece porque eu tenho passado minha vida encontrando e desenvolvendo líderes em potencial. Os resultados são gratificantes.

Líderes atraem líderes potenciais

Pássaros de uma pena só realmente andam em bandos. Eu verdadeiramente acredito que apenas um líder conhece outro líder, consegue desenvolvê-lo e mostrá-lo. É preciso um líder para conhecer um líder, desenvolver um líder e mostrar um líder. Também tenho visto que é necessário um líder para atrair outro líder.

Atração é obviamente o primeiro passo para capacitar outros, embora eu encontre muitas pessoas em posição de liderança que são incapazes de realizar essa tarefa. Bons líderes conseguem atrair líderes potenciais porque:

1. Líderes pensam como eles.
2. Líderes expressam sentimentos que outros líderes também têm.
3. Líderes criam um ambiente que atrai líderes potenciais.
4. Líderes não são ameaçados por pessoas com grande potencial.

Por exemplo, uma pessoa em posição de liderança que é "5" em uma escala de 1 a 10 não irá atrair um líder que seja "9". Por quê? Porque líderes formam conceito sobre qualquer multidão e migram para outros líderes que estejam em um nível semelhante ou superior.

Qualquer líder que tenha somente seguidores à sua volta será desafiado a utilizar continuamente seus próprios recursos para executar suas tarefas. Sem outros líderes para carregar o fardo, ele ficará fatigado e esgotado. Você tem se perguntado ultimamente se está cansado? Se a resposta for sim, você deve ter uma boa razão para isso, como ilustra essa história engraçada:

> Em algum lugar no mundo, há um país com uma população de 220 milhões de pessoas. Oitenta e quatro milhões estão acima dos 60 anos; restam 136 milhões para fazer o trabalho. Pessoas abaixo dos vinte anos totalizam 95 milhões; restam 41 milhões para fazer o trabalho.
>
> Há 22 milhões de pessoas empregadas pelo governo; restam 19 milhões para fazer o trabalho. Quatro milhões estão nas forças armadas; restam 15 milhões para fazer o trabalho. Deduza 14,8 milhões, o número de pessoas em repartições estaduais e municipais; restam duzentos mil para fazer o trabalho. Há 188 mil em hospitais e asilos, e assim restam 12 mil para fazer o trabalho.
>
> É interessante notar que nesse país 11.998 pessoas estão presas; restam então apenas duas pessoas para carregarem o fardo. Elas são eu e você — e irmão, eu estou ficando cansado de fazer tudo sozinho!

A menos que queira carregar todo o fardo, você precisa desenvolver e capacitar outros.

Líderes capacitados ampliam e melhoram o futuro da organização

Uma das coisas que meu pai me ensinou foi a importância das pessoas sobre todos os outros elementos em uma organização. Ele foi presidente de uma faculdade por 16 anos. Um dia, sentamo-nos em um banco do campus e ele explicou que os trabalhadores mais caros não eram os mais bem pagos. Os mais caros eram as pessoas não produtivas. Ele explicou que desenvolver líderes levou tempo e custou dinheiro. Você normalmente tinha de pagar mais aos líderes. Mas tais pessoas eram um ativo inestimável. Eles atraíam pessoas de mais qualidade, eram mais produtivos e continuavam a valorizar a organização. Ele terminou a conversa dizendo que grande parte das pessoas produz quando sente vontade. Líderes produzem mesmo quando não têm vontade.

Quanto mais pessoas você lidera, mais líderes você precisa

Zig Ziglar diz: "Sucesso é a utilização máxima da habilidade que você tem." Eu acredito que o sucesso de um líder possa ser definido como a utilização máxima das habilidades dos que estão subordinados a ele. Andrew Carnegie explicou isso assim: "Gostaria de ter em meu epitáfio: 'Aqui jaz um homem que foi sábio o suficiente para trazer para o seu serviço homens que sabiam mais do que ele'." Esse é um objetivo valioso para qualquer líder.

Qual a aparência de um potencial líder?

GRANDES LÍDERES BUSCAM E ENCONTRAM LÍDERES EM POTENCIAL, E ENTÃO OS TRANSFORMAM EM BONS LÍDERES

Há algo muito mais importante e raro que habilidade: a habilidade de reconhecer a habilidade. Uma das responsabilidades primárias de um líder bem-sucedido é identificar líderes em potencial. Essas são as pessoas em quem você irá querer investir seu tempo capacitando-as. Identificá-las nem sempre é uma tarefa fácil, mas é fundamental.

Andrew Carnegie foi um mestre em identificar líderes. Quando um repórter certa vez lhe perguntou como ele havia conseguido contratar 43 milionários, Carnegie respondeu que aqueles homens não eram milionários quando começaram a trabalhar para ele. Eles haviam ficado milionários como consequência. O repórter então quis saber como ele havia capacitado aqueles homens a se tornarem líderes tão valiosos. Carnegie respondeu que "os homens são desenvolvidos da mesma maneira que o ouro é garimpado. Muitas toneladas de lama têm de ser removidas para se obter uma pequena quantidade de ouro. Mas não se vai para a mina procurando por lama", ele acrescentou. " Você vai procurando por ouro." Essa é a maneira exata para se desenvolver pessoas positivas e bem-sucedidas. Procure pelo ouro, não pela lama. Quanto mais positivas as qualidades que você procura, mais você irá encontrar.

Selecionando os jogadores certos

Organizações esportivas profissionais reconhecem a importância de selecionar os jogadores certos. Todos os anos, técnicos e donos de equipes profissionais de *baseball*, basquete e futebol americano aguardam pela contratação de novos jogadores. Para isso, representantes gastam muito tempo e energia em busca de novos postulantes a uma vaga em seus times. Por exemplo, olheiros de organizações de futebol profissional viajam para assistir a jogos de campeonatos universitários, amistosos, jogos de veteranos para obter informações a respeito de jogadores com bom potencial. Assim os olheiros colhem dados suficientes para seus chefes e treinadores para que, quando o prazo final de contratações chegar, as equipes já possam contar com os jogadores mais promissores. Donos de equipes e técnicos sabem que o sucesso futuro de seus times depende em grande parte de sua habilidade de contratar com eficiência.

Não é diferente no mundo dos negócios. Você deve selecionar os jogadores certos em sua organização. Se você escolher bem, os benefícios serão múltiplos e quase inesgotáveis. Se você selecionar mal, os problemas se multiplicarão e parecerão infindáveis.

A chave para se fazer a escolha certa depende de dois fatores:

(1) sua habilidade de ter uma visão do todo e (2) sua habilidade de avaliar empregados em potencial durante o processo de seleção.

É uma boa ideia começar com um inventário. Eu o utilizo porque olho sempre para dentro e para fora da organização a fim de encontrar candidatos. Eu chamo o inventário de lista dos cinco "As":

Avaliação das necessidades:	O que é necessário?
Ativos à mão:	Quem está disponível na organização?
A habilidade dos candidatos:	Quem está apto?
Atitude dos candidatos:	Quem está disposto?
Aperfeiçoamentos dos candidatos:	Quem faz as coisas?

Note que o inventário começa com uma avaliação das necessidades. O líder da organização deve basear essa avaliação no todo. Quando foi diretor do Chicago Cubs, Charlie Grimm recebeu uma ligação de um de seus olheiros. O homem estava entusiasmado e começou a gritar ao telefone: "Charlie, encontrei o melhor lançador jovem no país! Ele abateu todos os que assumiram o bastão. Vinte e sete, um após o outro. Ninguém conseguiu mandar nenhuma bola fora até o nono turno. O lançador está bem aqui comigo. O que é que eu faço?" Charlie respondeu: "Assine com o camarada que mandou a bola fora. Estamos precisando de batedores." Charlie sabia qual era a necessidade do time.

Há uma situação que se sobrepõe a uma análise das necessidades: quando uma pessoa verdadeiramente excepcional está disponível, mesmo que não supra a necessidade presente, faça o que puder para contratá-la, de um jeito ou de outro. Você observa esse tipo de decisão no meio esportivo. Técnicos de times de futebol americano geralmente contratam jogadores para preencher necessidades específicas. Se estiverem precisando de um defensor, contratam o melhor disponível. Mas, às vezes, eles têm a oportunidade de fazer uma "contratação de impacto", uma superestrela que pode mudar instantaneamente toda a aparência do time. Normalmente, jogadores de impacto possuem não só habilidade física como também habilidades de liderança. Mesmo quando estreantes, têm todas as qualidades para serem capitães. Quando tenho oportunidade de contratar alguém excepcional — uma superestrela — eu contrato. E então encontro um espaço para ela no time. Pessoas boas no que fazem são difíceis de encontrar, e sempre há lugar para uma pessoa mais produtiva dentro da organização.

QUALIDADES PARA SEREM PROCURADAS EM UM LÍDER

Antes de encontrar líderes para capacitar, você precisa primeiro saber como eles são. Aqui estão dez qualidades relacionadas à liderança que você deve procurar em alguém que você queira contratar:

1. Caráter

A primeira qualidade que se deve procurar em qualquer tipo de líder, ou líder potencial, é a força do caráter. Não encontrei nada mais importante do que isso. Falhas graves de caráter não podem ser ignoradas. Elas por fim tornarão um líder ineficaz — sempre.

Falhas de caráter não devem ser confundidas com fraqueza. Todos nós temos fraquezas. Elas podem ser superadas com treinamento ou experiência. Falhas de caráter não podem ser mudadas do dia para a noite. A mudança normalmente exige um longo período de tempo e envolve, por parte do líder, um significativo investimento e dedicação ao relacionamento. Qualquer pessoa que você contrate e que tenha falhas de caráter será o elo fraco de sua organização. Dependendo da natureza da falha de caráter, a pessoa terá o potencial de destruir a organização.

Algumas das qualidades que formam o bom caráter incluem: honestidade, integridade, autodisciplina, receptividade ao aprendizado, confiança, perseverança, escrúpulo e ética acentuada no trabalho. As palavras de uma pessoa de caráter combinam com suas atitudes. Sua reputação é sólida. Seus modos também. Sua conduta é objetiva.

A análise do caráter pode ser difícil. Sinais de advertência a serem observados incluem:

- A deficiência de uma pessoa em assumir responsabilidade por suas ações ou circunstâncias
- Promessas ou obrigações não cumpridas
- Deficiência em cumprir prazos

Você pode dizer muito acerca da habilidade de uma pessoa em liderar outras a partir do modo como ela administra sua própria vida. Observe sua interação com os outros também. Você pode dizer muito acerca do caráter de uma pessoa a partir de seus relacionamentos. Examine o relacionamento dela com seus superiores, colegas e subordinados. Converse com seus funcionários para saber como o líder em potencial os trata. Isso lhe dará percepção adicional.

2. Influência

Liderança é influência. Todo líder tem estas duas características: (A) ele está indo para algum lugar e (B) ele é capaz de persuadir outros a irem com ele. Influência por si só não é suficiente. Essa influência deve ser medida para determinar sua qualidade. Quando observar a influência de um líder em potencial, examine o seguinte:

Qual o nível de influência do líder? Essa pessoa possui seguidores devido à sua posição (usa o poder do título de sua função), permissão (desenvolveu relacionamentos que motivam), produção (ela e seus seguidores produzem resultados consistentes), desenvolvimento de pessoal (colaborou no desenvolvimento de outros ao seu redor) ou caráter individual (transcende a organização e desenvolve pessoas com excelência)?

Quem influencia o líder? A quem ele está seguindo? As pessoas se transformam em seus modelos. O modelo dele é ético? Seu modelo possui as prioridades certas?

A quem ele influencia? Do mesmo modo, a qualidade do seguidor irá indicar a qualidade do líder. Seus seguidores são produtores positivos ou um bando de medíocres que só dizem sim?

Stuart Briscoe, em *Discipleship for Ordinary People* [Discipulado para pessoas comuns], conta a história de um jovem ministro que oficializou um funeral de um veterano de guerra. Os amigos militares do veterano queriam participar do culto para honrar seu companheiro, de modo que solicitaram ao jovem pastor que os conduzisse até ao lado do caixão para um momento de lembrança e daí até uma porta lateral de saída. A ocasião não teve o efeito desejado quando o religioso os conduziu pela porta errada. Diante da vista de todos os presentes, os homens marcharam com precisão militar para dentro de um compartimento onde são guardados os utensílios de limpeza, de onde eles tiveram que bater rapidamente em retirada. Todo líder deve saber para onde está indo. E todo seguidor deve certificar-se de que está atrás de um líder que sabe o que está fazendo.

3. Atitude positiva

Uma atitude positiva é um dos ativos mais valiosos que uma pessoa pode ter na vida. Minha convicção sobre isso é tão forte que escrevi um livro inteiro sobre o assunto, *The Winning Attitude: Your Key to Personal Success* [Uma atitude vitoriosa: sua chave para o sucesso pessoal]. Na maioria das vezes, o que as pessoas acreditam ser o seu problema na verdade não o é. O problema delas reside na atitude que os faz lidar com os obstáculos da vida de maneira medíocre.

O indivíduo cujas atitudes o levam a encarar a vida a partir de uma perspectiva inteiramente positiva é alguém que pode ser chamado de uma pessoa sem limites. Em outras palavras, alguém que não aceita as limitações normais da vida com as quais a maioria das pessoas concorda. Alguém que está determinado a caminhar no extremo do seu potencial, ou do potencial de seu produto, antes de aceitar a derrota. Pessoas com atitudes positivas são capazes de ir a lugares onde outras pessoas não conseguem ir. Elas fazem coisas que outras não conseguem fazer. Elas não estão restritas a limitações autoimpostas.

Uma pessoa com uma atitude positiva é como um zangão. O zangão não consegue voar porque o tamanho, o peso e a forma de seu corpo em relação ao comprimento de suas asas abertas tornam o voo aerodinamicamente impossível. Mas ele, como não conhece a teoria científica, voa e produz mel todos os dias...

Essa mentalidade de desafio aos limites permite que uma pessoa comece cada dia com uma disposição positiva, assim como o ascensorista sobre quem, certa vez, li. Em uma segunda-feira, dentro de um elevador lotado, o homem começou a cantarolar uma melodia. Um passageiro, irritado com o bom humor do homem, perguntou rispidamente: "Por que você está tão feliz?" E o ascensorista respondeu alegremente: "Bem, senhor, eu nunca vivi este dia antes." Quando a atitude é correta, não somente o futuro parece promissor, como também o presente é muito mais agradável. A pessoa positiva entende que a jornada é tão desfrutável quanto o destino.

Pense o seguinte acerca da atitude:

> Ela é o homem avançado do nosso verdadeiro eu.
> Suas raízes são internas, mas seus frutos são externos.
> Ela é nossa melhor amiga e nossa pior inimiga.
> Ela é mais honesta e mais consistente que nossas palavras.
> Ela é um olhar exterior assentado em experiências passadas.
> Ela é algo que atrai pessoas para nós, ou as repele.
> Ela nunca está contente, até que seja expressa.
> Ela é a bibliotecária do nosso passado.
> Ela é a oradora do nosso presente.
> Ela é o profeta do nosso futuro.[1]

A atitude dá o tom, não somente para o líder que a possui, mas também para as pessoas que o seguem.

4. Excelentes habilidades no tratamento com as pessoas

Um líder sem habilidade no trato pessoal, em pouco tempo, não terá seguidores. Dizem que Andrew Carnegie, um líder fantástico, pagava a Charles Schwab um salário de um milhão de dólares por ano justamente por causa de suas excelentes habilidades para lidar com pessoas. Carnegie tinha outros líderes que compreendiam melhor o trabalho e cuja experiência e treinamento eram muito apropriados. Mas eles careciam da qualidade humana essencial de conseguir fazer com que os outros colaborassem, e Schwab conseguia obter o melhor de seus colegas de trabalho. As pessoas podem admirar alguém que tenha somente talento e habilidade, mas não o seguirão — não por muito tempo.

Ter excelentes habilidades no trato pessoal exigem interesse genuíno pelos outros, habilidade de compreender as pessoas e determinação em fazer de uma interação positiva com os outros uma preocupação prioritária. O nosso comportamento para com as outras pessoas determina o comportamento deles conosco. Um líder bem-sucedido sabe disso.

5. Dons evidentes

Toda pessoa que Deus cria tem dons. Uma de nossas tarefas como líderes é fazer uma avaliação desses talentos ao considerar uma pessoa para uma vaga ou uma capacitação. Eu enxergo todo candidato a uma vaga como um líder "que quer ser". Minha observação é de que há quatro tipos de "quero ser":

Nunca ser. Algumas pessoas simplesmente carecem da habilidade de fazer uma tarefa em particular. Elas simplesmente não são dotadas, em particular, para a tarefa que está diante delas. Uma pessoa desse tipo, que for direcionada para uma área para a qual ela não seja habilitada, fica frustrada, e, na maioria das vezes, responsabiliza outros por seu insucesso e por fim acaba se prejudicando. Se redirecionado, tem possibilidade de alcançar o seu potencial.

Poderia ser. Uma pessoa desse tipo tem os dons e habilidades corretos, mas carece de autodisciplina. Ela pode até ser alguém com habilidades extraordinárias, mas não consegue produzir. Essa pessoa precisa desenvolver a disciplina de "simplesmente fazer".

Deveria ser. Pessoas assim têm talentos (dons), mas pouca prática para aproveitar a habilidade. Precisam de treinamento. Ao receber ajuda para desenvolver essas habilidades, podem se tornar as pessoas que foram criadas para ser.

Deve ser. Carecem apenas de oportunidade. Possuem os dons corretos, as habilidades corretas e a atitude correta. Têm a determinação para serem as pessoas que foram criadas para ser. Cabe a você ser o líder que dá a esse tipo de pessoa essa oportunidade. Se você não der, ele encontrará outra pessoa que dê.

Deus cria todas as pessoas com dons naturais. Mas ele também as faz com duas extremidades, uma para sentar e a outra para pensar. O sucesso na vida depende de qual dessas extremidades é mais utilizada, e as probabilidades são iguais: com a "cara" (ou cabeça) você ganha, e com a "coroa" (traseiro) você perde!

6. Registro de percurso provado

O poeta Archibald MacLeish, certa vez, disse o seguinte: "Só há uma coisa mais dolorosa que aprender com a experiência, é não aprender com a experiência." Líderes que aprendem essa verdade desenvolvem registros de percurso provados com o tempo. Todos os que inovam, que lutam por construir algo, cometem erros. Pessoas sem registros de percurso ou não aprenderam com seus erros ou não tentaram.

Trabalhei com muitas pessoas talentosas que estabeleceram registros de percursos fantásticos. Quando dei início à minha organização, um homem se destacou como um líder de primeira linha, capacitado com a mais alta qualidade de liderança: Dick Peterson. Ele havia trabalhado na IBM por muitos anos, e rapidamente demonstrou que não havia desperdiçado seu tempo por lá, adquirindo vasta experiência. Dick já tinha um registro de percurso quando eu lhe pedi que se juntasse a mim em 1985, para começar uma de minhas empresas, a INJOY. Tínhamos muito potencial e poucos recursos. O trabalho duro, o planejamento e as percepções de Dick transformaram um negócio que começou sem capital algum e que operava na garagem da casa dele em um empreendimento de produção de materiais e que influencia dezenas de milhares de líderes nacional e internacionalmente todos os anos. Por 15 anos, Dick foi presidente da INJOY e ajudou a empresa a decolar.

Para o especialista em gerenciamento Robert Townsend, "surgem líderes de todos os tamanhos, idades, formas e condições. Alguns são administradores limitados, alguns não são dotados de inteligência extraordinária. Mas há uma dica para identificá-los. Uma vez que a maioria das pessoas por si é medíocre, o verdadeiro líder pode ser reconhecido porque, de um modo ou de outro, seus subordinados acabam tendo desempenhos superiores". Sempre confira o desempenho passado de um candidato. Um líder comprovado sempre possui um registro de percurso comprovado.

7. Confiança

As pessoas não seguirão um líder que não confia em si mesmo. Na verdade, as pessoas sentem-se naturalmente atraídas por pessoas que transmitam confiança. Um exemplo excelente pode ser observado em um incidente na Rússia durante uma tentativa de golpe. Tanques do exército haviam cercado a residência oficial do presidente Boris Yeltsin e seus aliados pró-democracia. Militares de alta patente haviam ordenado ao comandante dos tanques que abrisse fogo e matasse Yeltsin. Quando os tanques tomaram posição, Yeltsin saiu a passos largos do prédio, subiu em um dos tanques, olhou bem nos olhos do comandante e o agradeceu por ter passado para o lado dos democratas. Mais tarde, o comandante admitiu que não tinha a intenção de passar para o lado do presidente. Yeltsin parecera tão confiante e imponente que os soldados conversaram entre si depois que ele saiu e decidiram juntar-se a ele.

A confiança é característica da atitude positiva. Os grandes conquistadores e líderes permanecem confiantes a despeito das circunstâncias. A confiança não é algo aparente. A confiança capacita. Um bom líder tem a habilidade de estimular em seus comandados a confiança nele. Um grande líder tem a habilidade de despertar em seus comandados a confiança neles mesmos.

8. Autodisciplina

Grandes líderes sempre possuem autodisciplina — sem exceção. Infelizmente, nossa sociedade busca a gratificação instantânea em vez da autodisciplina. Queremos cafés da manhã em segundos, *fast food*, os filmes do momento, e um saque rápido nos caixas eletrônicos. Mas o sucesso não acontece instantaneamente. Nem a habilidade de liderar. Como dizia o general Dwight Eisenhower: "Não há vitórias pelo preço de banana."

Pelo fato de vivermos em uma sociedade que busca gratificação instantânea, não podemos menosprezar a característica da autodisciplina nos líderes potenciais que entrevistamos — característica que os torna dispostos a pagar o preço da grande liderança. Em se tratando de autodisciplina, as pessoas escolhem uma entre duas opções: a dor da disciplina que vem do sacrifício e do crescimento, ou a dor do arrependimento que vem da estrada fácil e das oportunidades perdidas. Todos na vida fazem escolhas. Em *Adventures of Achievement* [Aventuras de realizações], E. James Rohn afirma que a dor da disciplina pesa quilos. A do arrependimento, toneladas.

Há duas áreas da autodisciplina que devemos investigar em líderes potenciais que estejamos considerando capacitar. A primeira é a autodisciplina emocional. Líderes eficazes reconhecem que suas reações emocionais são de sua própria responsabilidade. Um líder que decide não permitir que a reação das outras pessoas dite suas reações, experimenta uma liberdade poderosa. Como disse o filósofo grego Epíteto: "Nenhuma pessoa é livre até que seja mestre de si mesma."

A segunda área diz respeito ao tempo. Todas as pessoas no planeta recebem a mesma quantidade de minutos em um dia. Mas o nível de disciplina de cada pessoa determina a eficácia com que esses minutos serão utilizados. Pessoas disciplinadas estão sempre crescendo, sempre lutando por melhora, e maximizam o uso de seu tempo. Encontrei três fatores que caracterizam líderes disciplinados:

- Identificaram objetivos de curto e de longo prazo para si mesmos.
- Têm um plano para atingir esses objetivos.
- Possuem um desejo que os motiva a continuar trabalhando para alcançar esses objetivos.

O progresso tem um preço. Ao entrevistar um líder potencial, avalie se ele está disposto a pagar esse preço. O autor da popular história em quadrinhos Ziggy reconheceu isso quando criou a seguinte cena:

> Enquanto o nosso amigo Ziggy dirigia em uma estrada em seu pequeno automóvel, viu duas placas. Na primeira, estava escrito em letras garrafais: A ESTRADA PARA O SUCESSO. Mais adiante, estava a segunda placa: PREPARE-SE PARA PARAR NOS PEDÁGIOS.

9. Habilidades de comunicação eficaz

Nunca subestime a importância da comunicação. Ela consome enorme quantidade de nosso tempo. Um estudo, descrito por D.K. Burlow em *The Process of Communication* [O processo da comunicação], declara que os norte-americanos gastam todos os dias, em média, 70% de suas horas ativas comunicando-se verbalmente. Sem a habilidade para se comunicar, um líder não consegue de maneira eficaz expor sua visão e conclamar as pessoas para que ajam de acordo com ela.

As habilidades de um líder para transmitir confiança e para comunicar-se eficazmente são semelhantes. Ambas exigem ação de sua parte e resposta do comandado. A comunicação é interação positiva. Quando a comunicação é unilateral, pode ser cômico. Você deve ter ouvido a história do juiz frustrado preparando-se para ouvir um caso de divórcio:

— Por que você quer o divórcio? — o juiz perguntou.
— Por qual razão?
— Por tudo. Temos seis mil metros quadrados —, respondeu a mulher.
— Não, não. Vocês têm ressentimento? — perguntou o juiz.
— Sim, senhor. Lota dois carros.
— Eu preciso de uma razão para o divórcio —, disse o juiz, impaciente. Ele bate em você?
— Não. Eu estou em pé às seis para fazer meus exercícios. Ele levanta mais tarde.
— Por favor — disse o juiz, irritado — ,qual é a razão que vocês têm para o divórcio?
— Bem — ela respondeu — ,parece que não conseguimos nos comunicar um com o outro.

Ao observar as habilidades de comunicação de um líder em potencial, procuro pelo seguinte:

Interesse genuíno pela pessoa que está falando. Quando as pessoas sentem que você se interessa por elas, estão dispostas a escutar o que você tem a dizer. Gostar das pessoas é o princípio da habilidade da comunicação.

Habilidade de concentrar-se em quem responde. Os que se comunicam mal estão concentrados em si mesmos e em suas próprias opiniões. Bons comunicadores concentram-se na resposta da pessoa com quem estão conversando. Bons comunicadores também leem a linguagem do corpo.

Habilidade de se comunicar com todos os tipos de pessoas. Um bom comunicador tem a habilidade de deixar a pessoa à vontade.

Ele consegue encontrar uma maneira de se relacionar com quase todo o mundo, de qualquer classe social.

Contato visual com a pessoa com quem está falando. A maioria das pessoas que estão sendo diretas com você estão dispostas a olhá-lo nos olhos.

Sorriso caloroso. A maneira mais rápida de abrir linhas de comunicação é o sorriso. Um sorriso transpõe inúmeras barreiras de comunicação, cruzando as fronteiras de raça, cultura, idade, classe, gênero, educação e *status* social.

Se espero que uma pessoa lidere, devo esperar que ela possa se comunicar.

10. *Descontente com o status quo*

Antes de qualquer coisa, já disse à minha equipe que *status quo*, em latim, significa "a bagunça na qual estamos". Líderes enxergam aquilo que é, mas, o que é mais importante, têm a visão do que aquilo poderia ser. Eles nunca estão satisfeitos com as coisas como elas estão. Liderar, por definição, é estar à frente, rompendo novas barreiras, conquistando novos mundos, saindo do *status quo*. Donna Harrison já disse que os grandes líderes nunca estão satisfeitos com os níveis atuais de desempenho e que eles lutam constantemente por níveis cada vez mais altos de realização. Eles se movem para além do *status quo*, e pedem o mesmo para aqueles que estão ao seu redor.

A insatisfação com o *status quo* não significa uma atitude negativa ou murmuração. Ela tem a ver com disposição para ser diferente e correr riscos. Uma pessoa que recusa o risco da mudança não cresce. Um líder que ama o *status quo* logo se torna um comandado. Raymond Smith, o ex-CEO e Presidente da Bell Atlantic Corporation certa vez declarou:

"Pegar a estrada segura, fazer o seu trabalho e não produzir nenhuma onda pode preservar o seu emprego (ao menos por hora), mas por certo não fará muito por sua carreira ou sua empresa no longo prazo. Não somos estúpidos, sabemos que administradores são fáceis de serem encontrados e baratos para serem mantidos. Líderes — daqueles que correm riscos — são muito raros. E os com visão são ouro puro."

O risco parece perigoso para as pessoas que se sentem mais confortáveis com velhos problemas do que com novas soluções. A diferença entre a energia e o tempo que se leva para suportar os velhos problemas e a energia e o tempo que se gastam para aparecer com novas ideias é surpreendentemente pequena. A diferença é a atitude. Ao procurar por líderes com potencial, busque pessoas que buscam soluções.

Bons líderes deliberadamente buscam e encontram líderes em potencial. Grandes líderes não somente os encontram, como também os transformam em outros grandes líderes. São hábeis para reconhecer a habilidade em outras pessoas e se valem de estratégia para encontrar líderes que fazem acontecer. E isso leva suas organizações para o nível seguinte.

O que é necessário para capacitar um líder?

A CAPACITAÇÃO, ASSIM COMO A ALIMENTAÇÃO, É UM PROCESSO CONTÍNUO

Capacitar é semelhante a treinar. Mas eu prefiro o termo "capacitar" porque ele descreve mais exatamente o processo pelo qual líderes em potencial devem passar. O treinamento está geralmente concentrado em tarefas específicas de trabalho; por exemplo, você treina uma pessoa para usar uma copiadora ou responder a ligações telefônicas de uma determinada maneira. O treinamento é somente parte de um processo de capacitação que prepara a pessoa para a liderança.

Quando penso em capacitar um líder potencial, penso em preparar uma pessoa desabilitada para escalar um pico ou uma montanha bem alta. A sua preparação é um processo. Ela certamente precisa estar equipada; precisa de roupas de frio, cordas, ganchos e picaretas. Ela também precisa ser treinada para manusear esse equipamento.

A preparação de um alpinista, no entanto, envolve muito mais do que simplesmente ter o equipamento apropriado e saber como usá-lo. A pessoa deve estar condicionada fisicamente para a difícil tarefa de escalar. Deve ser treinada para ser parte de uma equipe. E, o mais importante, deve ser ensinada a pensar como um alpinista. Ela precisa conseguir olhar para o pico e observar como ele deve ser conquistado. Sem passar por todo o processo de capacitação, ela não chegará ao topo, e poderá ver-se encalhada ao lado da montanha, congelando até a morte.

Capacitação, como a alimentação, é um processo contínuo. Você não capacita uma pessoa em poucas horas ou dias. E isso não pode ser feito usando-se uma fórmula ou uma fita de vídeo. A capacitação deve ser feita sob medida, para cada líder potencial.

Seu papel como capacitador

O capacitador ideal é uma pessoa que consegue repartir a visão do trabalho, avaliar o líder potencial, dar a ele as ferramentas de que necessita, e então ajudá-lo ao longo do caminho no princípio de sua jornada.

O capacitador é um modelo — um líder que faz o trabalho, e o faz bem, corretamente e com consistência.

O capacitador é um mentor — um conselheiro que tem a visão da organização e consegue comunicá-la a outros. Ele tem experiência para repartir.

O capacitador é um estimulador — alguém que pode instigar no líder potencial o desejo e a habilidade para fazer o trabalho. Ele é capaz de liderar, ensinar e avaliar o progresso da pessoa que está sendo capacitada.

Os passos que se seguem o conduzirão por todo o processo. Eles começam com o cultivo de um relacionamento com seus líderes potenciais. A partir dessa base, você pode estabelecer uma programação para o crescimento deles, supervisionar o progresso de cada um, estimulá-los a realizar a tarefa, e, finalmente, fazê-los levar o legado adiante.

Desenvolva um relacionamento pessoal com as pessoas que você capacita

Todos os bons relacionamentos de orientação começam com relacionamentos pessoais. Quando o seu pessoal o conhecer e gostar de você, o desejo deles em seguir a sua direção e aprender com você aumentará. Se eles não gostarem de você, não vão querer aprender nada, e o processo de capacitação diminui de ritmo ou até mesmo para.

Para cultivar relacionamentos, comece escutando a história de vida das pessoas, suas jornadas até aqui. O seu interesse genuíno terá um profundo significado para elas. Ele também o ajudará a conhecer suas fraquezas e virtudes. Descubra qual o tipo de temperamento que elas têm. Se você primeiro encontrar seus corações, elas terão alegria em lhe estender suas mãos.

Compartilhe seu sonho

Enquanto conhece as pessoas, compartilhe seu sonho. Isso as ajuda a conhecer você e saber para onde você está indo. Não há atitude para elas que melhor mostre o seu coração e a sua motivação.

Woodrow Wilson certa vez disse: "Crescemos por meio dos sonhos. Todos os grandes indivíduos são sonhadores. Eles enxergam coisas na névoa suave de um dia de primavera, ou no fogo vermelho de uma longa noite de inverno. Alguns de nós permitimos que esses grandes sonhos morram, mas outros os alimentam e os protegem; os alimentam nos dias maus até que eles os levem para a claridade e para a luz, que sempre vem para aqueles que sinceramente esperam que seus sonhos se realizem." Sempre me pergunto se é o sonho que faz a pessoa, ou a pessoa quem faz o sonho. Minha conclusão é a de que ambas as frases são verdadeiras.

Todos os bons líderes têm um sonho. Todos os grandes líderes compartilham seus sonhos com outros que podem ajudá-los a torná-lo realidade. Como Florence Littauer sugere, devemos:

Ousar sonhar:	Ter o desejo de fazer algo maior que você mesmo.
Preparar o sonho:	Fazer a lição de casa; estar pronto quando a oportunidade chegar.
Vestir a camisa do sonho:	Faça isso.
Compartilhar o sonho:	Fazer com que outros tomem parte do seu sonho, e ele se tornará ainda maior do que você esperava.

Exija compromisso

Em seu livro *O gerente-minuto*, Kenneth Blanchard explica que há diferença entre interesse e compromisso: "Se você tem interesse em fazer algo, você só o faz porque é conveniente. Quando você está comprometido com alguma coisa, não aceita desculpas." Não capacite pessoas que estejam meramente interessadas. Capacite pessoas que estejam comprometidas.

Para saber se as pessoas estão comprometidas, primeiro você deve certificar-se de que elas sabem o quanto lhes custará tornarem-se líderes. Isso significa que você deve estar certo de não vender a tarefa mais barato — faça-as saber o quanto ela vai custar. Se elas não se compromerem, não vá adiante no processo de capacitação. Não perca o seu tempo.

Estabeleça alvos para o crescimento

As pessoas precisam de objetivos claros diante delas, se pretendem alcançar qualquer coisa de valor. O sucesso nunca acontece instantaneamente. Ele é resultado de muitos pequenos passos. Um conjunto de alvos torna-se um mapa que o líder potencial pode seguir a fim de crescer. Como Shad Helmsetter declara em *You Can Excel in Time of Change* [Você pode se destacar em tempos de mudança], "é o alvo que molda o plano; é o plano que estabelece a ação; é a ação que alcança o resultado; e é o resultado que traz o sucesso. E tudo começa com uma simples palavra: alvo". Nós, como líderes capacitadores, devemos apresentar o nosso pessoal para a prática do estabelecimento e da execução de alvos.

Ao ajudar o seu pessoal a estabelecer alvos, use as seguintes diretrizes:

Faça com que seus alvos sejam apropriados. Sempre tenha em mente a tarefa que você quer que as pessoas façam e os resultados desejados: o desenvolvimento de seu pessoal em líderes eficazes. Identifique alvos que contribuirão para um alvo mais abrangente.

Faça com que seus alvos sejam atingíveis. Nada irá fazer com que as pessoas queiram desistir mais rápido do que encarar alvos inalcançáveis. Gosto do comentário feito por Ian McGregor, ex-presidente do conselho da AMAX Corporation: "Trabalho com o mesmo princípio de pessoas que treinam cavalos. Você começa com cercas baixas, alvos facilmente atingíveis, e vai complicando. É importante, no gerenciamento, nunca pedir às pessoas que tentem atingir alvos que não podem executar."

Faça com que seus alvos sejam mensuráveis. Seus líderes potenciais nunca saberão quando atingiram seus alvos se eles não forem mensuráveis. Quando os alvos são mensuráveis, o conhecimento obtido dará um sentido de realização. Isso também libertará seus liderados para estabelecer novos alvos em lugar dos antigos.

Declare seu alvo claramente. Quando os alvos não têm foco definido, as ações das pessoas tentando alcançá-los também não terão.

Faça com que os alvos exijam um "limite". Como mencionado anteriormente, os alvos têm de ser atingíveis. Por outro lado, quando os alvos não exigem um limite, as pessoas que buscam atingi-los não crescerão. O líder deve conhecer seu pessoal suficientemente bem para identificar alvos alcançáveis que exigem um limite.

Registre seus alvos por escrito. Quando as pessoas colocam seus alvos no papel, tornam-se mais responsáveis por eles. Um estudo em uma classe de formandos da Universidade de Yale mostrou que a pequena porcentagem de graduandos que havia colocado no papel seus alvos realizou mais que todos os outros graduandos juntos. Coloque seus alvos no papel.

COMUNIQUE OS FUNDAMENTOS

Para que as pessoas sejam produtivas e satisfeitas profissionalmente, precisam conhecer suas responsabilidades fundamentais. Parece simples, mas Peter Drucker diz que um dos problemas mais críticos no local de trabalho hoje é que não há entendimento entre o empregador e o empregado com relação ao que o empregado deve fazer. Os empregadores, quase sempre, sentem-se vagamente responsáveis por todas as coisas. Isso os paralisa. É necessário deixar claro para os empregados o que é e o que não é responsabilidade deles. Aí sim eles serão capazes de concentrar seus esforços naquilo que queremos, e serão bem-sucedidos.

Olhe novamente o funcionamento de um time de basquete. Cada um dos cinco titulares tem uma tarefa específica. Há um atacante cuja tarefa é marcar cestas. O outro é passador. Sua tarefa é passar a bola para os que podem marcar pontos. Outro é um jogador de frente, cujo objetivo é apanhar rebotes. Outro jogador de frente também é atacante, com a função de fazer cestas. O central deve apanhar rebotes, bloquear arremessos e marcar pontos. Cada pessoa no time sabe qual é a sua função e qual deve ser a sua contribuição específica para a equipe. Quando cada um se concentra em suas responsabilidades individuais, o time pode vencer.

Finalmente, um líder deve comunicar ao seu pessoal que o trabalho deles tem valor para a organização e para o líder enquanto indivíduo. Para o empregado, isto quase sempre é o fundamento mais importante de todos.

Coloque em prática o processo de cinco passos para o treinamento de pessoas

Parte do processo de capacitação inclui treinar pessoas para executar determinadas tarefas nos trabalhos que devem fazer. A abordagem que o líder faz com relação ao treinamento determinará em grande parte o sucesso ou o fracasso de seu pessoal. Se ele tiver uma abordagem estéril, acadêmica, os líderes potenciais pouco se lembrarão daquilo que foi ensinado.

O melhor tipo de treinamento tira vantagem do modo como as pessoas aprendem. Pesquisadores dizem que nos lembramos de 10% daquilo que ouvimos, 50% do que vemos, 70% do que dizemos e 90% do que ouvimos, vemos, dizemos e fazemos. Sabedores disso, temos de desenvolver uma abordagem de treinamento. Tenho descoberto que o melhor método de treinamento se constitui em um processo de cinco passos:

Passo 1: Eu sou o modelo. O processo se inicia comigo realizando as tarefas, enquanto as pessoas que estão sendo treinadas assistem. Quando faço isso, tento dar a elas uma oportunidade de me observar durante todo o processo.

Passo 2: Eu supervisiono. Durante o próximo passo, continuo executando a tarefa, mas desta vez a pessoa que estou treinando fica ao meu lado e me assiste no processo. Eu também separo tempo para explicar não apenas o como, mas também o porquê de cada passo.

Passo 3: Eu monitoro. Trocamos de lugar desta vez. O estagiário executa a tarefa e eu assisto e corrijo. É particularmente importante durante esta fase ser positivo e encorajar o estagiário. Isso o mantém tentando e o faz querer melhorar, em vez de desistir. Trabalhe com ele até que desenvolva consistência. Uma vez tendo chegado ao final do processo, peça que o explique para você. Isso o ajudará a entender e lembrar.

Passo 4: Eu motivo. Neste momento, deixo a tarefa e permito que ele a leve adiante. Minha tarefa é a de certificar-me de que ele sabe como fazê-la sem ajuda e mantê-lo encorajado de modo que continue melhorando. Para mim, é importante ficar com ele até que experimente o sucesso. Isso é muito motivador. Nesta fase, o estagiário pode querer fazer melhorias no processo. Encoraje-o a fazê-las, e ao mesmo tempo aprenda com ele.

Passo 5: Eu multiplico. Esta é a minha parte favorita em todo o processo. Quando os líderes fazem bem o trabalho, é hora de ensinar os outros a fazê-lo. Como os professores bem sabem, a melhor maneira de aprender algo é ensinando. E o melhor é que tudo isso me liberta para fazer outras tarefas importantes e que representam desenvolvimento, enquanto outros levam adiante o treinamento.

DÊ OS TRÊS GRANDES PILARES

Qualquer tipo de treinamento será limitado se você não deixar as pessoas à vontade para fazer o trabalho delas. Eu acredito que, se consigo as melhores pessoas, dou a elas minha visão, treino-as no que julgo básico e deixo que sigam adiante, terei alto retorno da parte delas. Como o general George S. Patton certa vez observou: "Nunca diga às pessoas como fazer as coisas. Diga a elas o que fazer e elas o surpreenderão com sua ingenuidade."

Mas, não adianta dar liberdade e não dar estrutura às pessoas; você também tem de oferecer liberdade suficiente para que elas sejam criativas. A maneira de fazer isso é explicar a elas os três pilares de qualquer trabalho: responsabilidade, autoridade e prestação de contas.

Alguns líderes não permitem ao seu pessoal manter a responsabilidade sobre o trabalho depois que as tarefas já foram distribuídas. Gerentes limitados querem controlar cada detalhe do trabalho de seu pessoal. Quando isso acontece, os líderes potenciais que trabalham para eles ficam frustrados e não se desenvolvem. Em vez de desejar mais responsabilidades, tornam-se indiferentes ou evitam o comprometimento. Se você quer que o seu pessoal assuma responsabilidades, dê verdadeiramente essas responsabilidades a eles.

Juntamente com a responsabilidade deve vir a autoridade. O progresso não existe se elas não andarem juntas. Winston Churchill, em um discurso na Casa dos Comuns durante a Segunda Guerra, disse: "Eu sou seu servo. Vocês têm o direito de me demitir quando quiserem. O que não têm o direito de fazer é me pedir para assumir responsabilidades sem o poder da ação." Quando responsabilidade e autoridade vêm juntas, as pessoas se tornam genuinamente capacitadas.

Há um aspecto importante da autoridade que precisa ser observado. Ao concedermos autoridade a novos líderes, pela primeira vez, estamos, na verdade, dando a eles permissão para ter autoridade; é diferente de dar a autoridade propriamente dita. A verdadeira autoridade tem de ser conquistada. Devemos dar ao nosso pessoal permissão para desenvolverem autoridade. Essa é a nossa responsabilidade. Eles, por sua vez, devem assumir a responsabilidade por recebê-la.

Tenho descoberto que há diferentes níveis de autoridade:

Posição. O tipo mais básico de autoridade advém da posição da pessoa no quadro organizacional. Esse tipo de autoridade não se estende para além dos parâmetros da lista de incumbências que essa determinada função exige. É nesse estágio que todos os novos líderes iniciam sua carreira. A partir desse ponto, podem obter mais autoridade ou diminuir a pequena autoridade que receberam. Depende deles.

Competência. Esse tipo de autoridade é fundamentado nas capacidades profissionais de uma determinada pessoa, na habilidade de se fazer um trabalho. Comandados dão a líderes competentes autoridade dentro de sua área de especialidade.

Personalidade. Comandados também darão autoridade às pessoas com base em suas características pessoais, tais como personalidade, aparência e carisma. Autoridade apoiada na personalidade é um pouco mais abrangente do que a autoridade firmada na competência; no entanto, não é mais avançada porque tende a ser superficial.

Integridade. A autoridade fundamentada na integridade tem origem no cerne da pessoa. Está assentada em seu caráter. Quando a autoridade de novos líderes deriva da integridade, é por que eles conseguiram avançar para um novo estágio de desenvolvimento.

Espiritualidade. Em círculos seculares, as pessoas raramente consideram o poder da autoridade espiritual. Ela vem das experiências individuais de pessoas com Deus e de seu poder trabalhando através delas. Essa é a mais alta forma de autoridade.

Líderes devem obter autoridade com cada novo grupo de pessoas. No entanto, tenho descoberto que uma vez que os líderes obtiveram autoridade em um nível particular, leva pouco tempo para que estabeleçam esse nível de autoridade com outro grupo de pessoas. Quanto mais alto o nível de autoridade, mais rapidamente isso acontece.

Uma vez que a responsabilidade e a autoridade foram dadas, as pessoas estão capacitadas a fazer com que as coisas aconteçam. Mas nós também temos que estar certos de que elas estejam fazendo as coisas certas acontecerem. É aqui que a prestação de contas aparece. Se você está propiciando a eles o clima apropriado, nosso pessoal não terá medo da prestação de contas. Eles admitirão erros e os verão como parte do processo de aprendizado.

A função do líder na prestação de contas envolve a separação do tempo para avaliar o trabalho do novo líder e fazer críticas honestas e construtivas. É muito importante que, o líder estimule, mas que também seja honesto. Comenta-se, que, quando Harry Truman assumiu a presidência, após a morte do presidente Franklin D. Roosevelt, o porta-voz da Casa Branca, Sam Rayburn, deu a ele um conselho paternal: "De agora em diante, você terá muitas pessoas ao seu redor. Elas tentarão colocar um muro à sua volta e inibir quaisquer ideias que não sejam delas. Elas lhe dirão que grande homem você é, Harry. Mas você e eu sabemos que você não é." Rayburn estava estabelecendo uma relação de prestação de contas com o presidente Truman.

Dê a eles as ferramentas de que necessitam

Dar responsabilidade sem recursos é ridículo; trata-se de algo inacreditavelmente limitador. Abraham Maslow disse que, se a única coisa que você tiver for um martelo, você tem a tendência de enxergar todos os problemas com se fossem um prego. Se queremos que o nosso pessoal seja criativo e desembaraçado, precisamos fornecer a eles recursos.

É óbvio que as ferramentas mais básicas são equipamentos tais como copiadoras, computadores, e qualquer coisa que simplifique o trabalho. Precisamos nos certificar de que estamos fornecendo tudo o que for necessário para que uma tarefa seja realizada. E também que outros tipos de tarefas, especialmente as de prioridade "B", sejam feitas o mais rápido e eficientemente possível. Tenho sempre o objetivo de liberar tempo às pessoas para que façam coisas mais importantes.

As ferramentas, no entanto, incluem muito mais que equipamentos. É importante oferecer ferramentas de desenvolvimento. Gaste tempo instruindo pessoas em áreas específicas de necessidade. Esteja disposto a gastar dinheiro em livros, fitas, seminários e conferências. Há muita informação disponível, e ideias de fora da organização podem estimular o crescimento. Seja criativo ao fornecer ferramentas. Isso manterá seu pessoal em constante processo de crescimento e capacitado para trabalhar bem.

Confira sistematicamente o trabalho deles

Eu acredito no contato frequente com as pessoas. Gosto de fazer miniavaliações o tempo todo. Líderes que esperam para dar retorno a seus comandados, e quando isso acontece o fazem somente durante avaliações anuais e formais, estão pedindo para ter problemas. As pessoas precisam regularmente do encorajamento de ouvir que estão fazendo bem o seu trabalho no dia a dia. Elas também precisam ouvir o mais rápido possível quando não estão indo bem.

Isso evita muitos problemas com a organização e aperfeiçoa o líder.

A frequência com que confiro o trabalho das pessoas é determinada por vários fatores:

A importância da tarefa. Quando algo é fundamental para o sucesso da organização, faço checagens constantes.

As demandas do trabalho. Percebo que, se o trabalho exige muito, a pessoa que o está fazendo precisa de encorajamento frequentemente.

A novidade do trabalho. Alguns líderes não têm problema em assumir uma nova tarefa, não importa o quão diferente ela seja do trabalho anterior. Outros têm grande dificuldade para se adaptar. Eu confiro constantemente o trabalho de pessoas que sejam menos flexíveis ou criativas.

A novidade do trabalhador. Eu quero dar a novos líderes todas as chances possíveis para que sejam bem-sucedidos. Assim, confiro com mais frequência o trabalho dos mais novos. Desse modo, eu os ajudo a antecipar problemas e certifico-me de que eles tenham uma série de sucessos. Assim, eles obtêm confiança.

A responsabilidade do trabalhador. Quando tenho certeza de que ao dar uma tarefa para uma determinada pessoa ela será sempre realizada, eu posso não cobrar dessa pessoa até que a tarefa esteja concluída. Com pessoas menos responsáveis, não posso me dar ao luxo de fazer isso.

Minha maneira de conferir o trabalho varia de pessoa para pessoa. Por exemplo, novatos e veteranos devem ser tratados diferentemente. Mas não importa quanto tempo as pessoas estejam comigo, há algumas coisas que sempre faço: discutir sentimentos; medir o progresso; dar retorno; oferecer encorajamento.

Embora não aconteça com frequência, ocasionalmente tenho uma pessoa cujo progresso é repetidamente inexpressivo. Quando isso ocorre, tento determinar o que está errado. Desempenhos inexpressivos geralmente resultam de três fatores: (1) incompatibilidade entre o trabalho e a pessoa; (2) treinamento ou liderança inadequados; (3) deficiências no desempenho do trabalho da pessoa. Antes de tomar qualquer atitude, sempre tento determinar quais são as questões. Relaciono os fatos em ordem cronológica para certificar-me de que realmente há uma deficiência no desempenho e não apenas um problema com a minha percepção. A seguir, defino o mais precisamente possível qual seja a deficiência. Finalmente, confiro com a pessoa o outro lado da história.

Uma vez tendo feito minha lição de casa, tento determinar onde está a deficiência. Se for uma incompatibilidade, explico o problema à pessoa, transfiro-a para um lugar que se encaixe ao seu perfil e a tranquilizo com relação à minha confiança nela.

Se o problema envolve treinamento ou questão de liderança, volto atrás e refaço qualquer passo que não tenha sido dado de maneira apropriada. Mais uma vez, deixo que a pessoa saiba qual foi o problema e dou a ela encorajamento suficiente.

Se o problema é com a pessoa, sento-me com ela e faço-a saber o que está acontecendo. Deixo claro quais são as suas falhas e o que deve fazer para superá-las. E então lhe dou uma outra chance. Mas também começo a levantar a documentação, caso tenha de despedi-la. Eu quero que ela seja bem-sucedida, mas não perderei tempo em deixá-la seguir seu caminho se ela não fizer o que for necessário para melhorar.

Conduza reuniões periódicas de capacitação

Mesmo depois que você concluiu a maior parte dos treinamentos de seu pessoal e os está preparando para o passo seguinte — desenvolvimento — continue a conduzir reuniões periódicas de capacitação. Isso ajuda as pessoas a permanecerem nos trilhos e a continuarem crescendo; encoraja a começar a assumir a responsabilidade de capacitarem-se a si mesmas.

Quando preparo uma reunião de capacitação, incluo o seguinte:

Boas notícias. Sempre começo com uma nota positiva. Comento as coisas boas que estão acontecendo na organização e presto particular atenção nas áreas de interesse e responsabilidade.

Visão. As pessoas podem ficar tão envolvidas com suas responsabilidades diárias que talvez percam de vista o projeto que orienta a organização. Use a oportunidade de uma reunião de capacitação para relançar essa visão.

Conteúdo. O conteúdo dependerá de suas necessidades. Tente concentrar o treinamento nas áreas que as ajudarão com as áreas prioritárias. E oriente o treinamento a partir das pessoas, e não da lição.

Administração. Cubra quaisquer itens organizacionais que deem às pessoas um sentido de segurança e encoraje o senso de liderança delas.

Fortalecimento. Gaste tempo conectando-se com as pessoas que você capacita. Encoraje-as pessoalmente. E mostre-as como as sessões de capacitação as fortalecem para melhor desempenharem suas tarefas. Elas sairão da reunião sentindo-se bem e prontas para trabalhar.

O processo de capacitação como um todo toma muito tempo e atenção. Ele requer mais tempo e dedicação do líder capacitador do que um mero treinamento. Mas o seu foco está no longo prazo, não no curto. Em vez de criar comandados, ou mesmo adicionar novos líderes, ele *multiplica* líderes. Conforme explicado anteriormente, ele não se completa até que aquele que capacita e o novo líder selecionem alguém para o novo líder treinar. E somente assim o processo de capacitação terá percorrido seu ciclo completo. Sem um sucessor para repeti-lo, não pode haver sucesso.

Capítulo 3

Capacitando para o patamar seguinte

Como um líder pode inspirar outros a se destacar?

AGREGAR VALOR É VERDADEIRAMENTE A ESSÊNCIA DE
CAPACITAR OUTROS

Em 1296, o rei Eduardo I da Inglaterra reuniu um grande exército e cruzou a fronteira de sua nação com a Escócia. Eduardo era um líder habilidoso e um guerreiro feroz. Alto e forte, venceu sua primeira experiência real de combate aos 25 anos. Nos anos seguintes, tornou-se um veterano de lutas nas Cruzadas pelas terras santas.

Aos 57 anos, venceu uma guerra no País de Gales, cujo povo ele havia esmagado e cuja terra ele havia anexado. Nesse conflito, seu propósito era bem claro: confrontar o impulso impetuoso dos galeses e assim punir sua presunção de fazer guerra contra os ingleses.[1]

A invasão da Escócia por Eduardo tinha por objetivo subjugar o povo escocês de uma vez por todas. Ele já era o monarca do território, mas havia colocado um rei inepto para reinar sobre ele, um homem que o povo da Escócia chamava de Toom Tabard, que significa "casaco vazio".

Eduardo então intimidou o rei inoperante até que ele se rebelou, dando assim uma razão para que o monarca inglês invadisse o país. O povo escocês preparou-se para o pior.

UM LÍDER OUSADO SURGIU

Eduardo saqueou o castelo de Berwick e massacrou seus habitantes. Outros castelos foram rendidos em uma rápida sucessão. O rei escocês foi retirado do poder, e muitos pensaram que o destino dos escoceses seria o mesmo dos galeses. Mas eles não levaram em consideração os esforços de um homem: Sir William Wallace, que ainda hoje é reverenciado como herói nacional na Escócia, embora tenha morrido há quase setecentos anos.

Se você viu o filme Coração Valente, terá então uma imagem de William Wallace como a de um lutador determinado e feroz que valorizou a liberdade acima de qualquer outra coisa. De seu irmão mais velho, Malcolm, o primogênito, esperava-se que seguisse os passos do pai, um guerreiro. William, como muitos segundos filhos, estava por sua vez designado para a vida religiosa. Foi ensinado a valorizar ideias, incluindo a liberdade. Mas cresceu guardando rancor dos reis ingleses opressores depois que seu pai foi morto em uma emboscada e sua mãe forçada a deixar o país. Aos 19 anos, tornou-se um lutador quando um grupo de ingleses tentou intimidá-lo. Aos vinte e poucos anos, William Wallace era um guerreiro muito habilidoso.

As pessoas que foram para um patamar mais alto

Na época de William Wallace e Eduardo I, as guerras eram geralmente conduzidas por cavaleiros adestrados, soldados profissionais e, às vezes, por mercenários. Quanto maior e mais preparado o exército, maior era o seu poder. Quando Eduardo enfrentou o exército galês, menor que o inglês, os galeses não tiveram chance. E o mesmo era esperado com relação aos escoceses. Mas William possuía uma habilidade incomum. Ele atraiu o povo simples da Escócia para si, e fez com que cressem na causa da liberdade, inspirou-os e capacitou-os a lutar contra a máquina de guerra profissional da Inglaterra. Ele ampliou seus horizontes e suas habilidades.

William Wallace não foi capaz, ao final, de derrotar os ingleses e conquistar a independência da Escócia. Aos 33 anos, foi brutalmente executado (o tratamento a ele dispensado fora ainda pior do que o retratado no filme *Coração Valente*). Mas o seu legado de liberdade permaneceu. No ano seguinte, inspirado no exemplo de Wallace, o nobre Robert Bruce reivindicou o trono da Escócia e mobilizou não somente os camponeses, como também a nobreza. E em 1314, a Escócia conquistou, depois de muita luta, a sua independência.

Características dos líderes que ampliam horizontes

Jogadores de um time amam e admiram um jogador que seja capaz de ajudá-los a chegar a um outro patamar, alguém que amplie seus horizontes, e potencialize sua capacidade de ter sucesso. Pessoas desse tipo são como Bill Russell, integrante do *hall* da fama do Boston Celtics, que disse: "O critério mais importante para que eu possa saber se joguei bem é o quanto fiz com que meus companheiros jogassem." Líderes que ampliam os horizontes de seus companheiros de equipe possuem várias características comuns:

Valorizam seus companheiros de equipe

O industrial Charles Schwab observou: "Ainda estou para encontrar o homem, por mais alto que seja o seu posto, que não fez um trabalho melhor e empreendeu um esforço maior sob um espírito de aprovação do que sob um espírito de crítica." Seus colegas de equipe podem lhe dizer se você acredita neles. Os desempenhos das pessoas geralmente refletem a expectativa daqueles a quem eles respeitam.

Valorizam aquilo que seus companheiros de equipe valorizam

Jogadores que ampliam os horizontes fazem mais do que valorizar seus colegas de equipe; eles compreendem aquilo que seus companheiros de equipe valorizam. Eles escutam a fim de descobrir sobre o que estão falando e observam para ver no que eles estão gastando o seu dinheiro. Esse tipo de conhecimento, junto com o desejo de se relacionar com seus colegas jogadores, cria uma forte conexão entre eles. E torna possível a característica seguinte do ampliador de horizontes.

Aumentam o valor aos seus companheiros de equipe

Aumentar o valor é realmente a essência da ampliação de horizontes para os outros. É encontrar maneiras de ajudar os outros a melhorar suas habilidades e atitudes. Um líder que capacita e amplia o horizonte de outros procura por dons, talentos e singularidade em outras pessoas, e então as ajuda a aumentar essas habilidades para o benefício delas e de toda a equipe. Um líder que amplia horizontes é capaz de levar outros a um patamar totalmente novo.

Tornam a si mesmos mais valiosos

Ampliadores de horizontes melhoram a si mesmos, não somente porque isso os beneficia pessoalmente, mas também porque ajuda outros a ajudarem outros. Você não pode dar aquilo que não tem. Se você quer aumentar a habilidade dos membros de sua equipe, melhore a si mesmo.

Como se tornar um ampliador de horizontes

Se você quer ser um líder que amplia os horizontes de uma equipe, faça o seguinte:

1. *Acredite nos outros antes que eles acreditem em você*

Se você quiser ajudar as pessoas a se tornarem melhores, precisa se tornar um iniciador. Você não pode se isentar disso. Pergunte a você mesmo o que é especial, singular e maravilhoso naquele membro da equipe. Então compartilhe suas observações com a pessoa e com outros. Se você acreditar nas pessoas e der a elas uma reputação positiva para preservar, pode ajudá-las a se tornar melhores do que pensam que são.

2. Sirva aos outros antes que eles sirvam a você

Um dos serviços mais benéficos que você pode desempenhar é o de ajudar outras pessoas a alcançar o seu potencial. Em sua família, sirva ao seu cônjuge. Nos negócios, ajude seus colegas a brilhar. E, sempre que possível, dê aos outros os devidos créditos pelo sucesso da equipe.

3. Valorize os outros antes que eles valorizem você

Uma verdade básica a respeito da vida é que as pessoas sempre se voltarão para alguém que as tornem melhores e se afastarão de quem as desvalorizam. Você pode ampliar o horizonte de outras pessoas ao destacar suas virtudes e assim ajudá-las a melhorar.

Um menino chamado Chris Greicius sonhou um dia em se tornar policial, mas havia um grande obstáculo em seu caminho. Ele tinha leucemia, e sua expectativa de vida era de poucos anos. Aos sete, a batalha de Chris com a doença ficou ainda mais intensa. Foi quando um amigo da família, funcionário da alfândega, providenciou para que Chris chegasse o mais próximo possível de realizar seu sonho. Ele telefonou para o oficial Ron Cox, em Phoenix, e agendou para que Chris passasse um dia com os policiais do Departamento de Segurança Pública do Arizona.

Quando o dia chegou, Chris foi recepcionado por três esquadrões de carros e uma motocicleta policial dirigida por Frank Hankwitz. Ele foi então levado para um voo no helicóptero da polícia. Terminaram o dia condecorando Chris como o primeiro — e único — membro honorário da tropa. No dia seguinte, Cox solicitou a ajuda da empresa que fabricava os uniformes para a Patrulha Rodoviária do Arizona e, em 24 horas, Chris foi presenteado com um uniforme de patrulheiro. Ele ficou em êxtase.

Dois dias depois, Chris morreu no hospital, com seu uniforme ao lado. O oficial Shankwitz ficou triste ao saber da morte de seu amiguinho, mas grato por ter experimentado a oportunidade de ajudar Chris. E também tomou consciência de que havia muitas crianças em circunstâncias semelhantes às de Chris. Isso estimulou Shankwitz a criar, com um amigo, a Fundação Make-A-Wish (Faça um Pedido). Há vinte anos, desde então, ele e sua organização têm tornado realidade o sonho de mais de 80 mil crianças.

Não há nada mais valioso — ou recompensador — do que aumentar o valor da vida dos outros. Quando você ajuda outras pessoas a atingir um outro patamar, você mesmo sobe com elas.

Como posso ajudar outros a alcançar seu pleno potencial?

TER AS PESSOAS CERTAS NOS LUGARES CERTOS É ESSENCIAL PARA O SUCESSO INDIVIDUAL E COLETIVO

Se você obtiver sucesso no desenvolvimento de pessoas em sua organização e capacitá-las para liderar, você será bem-sucedido. Se você ampliar os horizontes delas e motivá-las à realização, elas serão gratas a você enquanto líder. E, para ser honesto, você terá feito mais do que os outros líderes fazem. No entanto, você pode dar ainda um outro passo que ajudará uma pessoa capacitada por você a alcançar seu pleno potencial. Você pode ajudá-la a encontrar o espaço dela na vida. Coisas boas acontecem quando o jogador ocupa no time o espaço que aumenta seu valor. Coisas grandes acontecem quando todos os jogadores na equipe desempenham o papel que potencializa suas virtudes — seus talentos, habilidades e experiência. Isso leva cada indivíduo — e toda a equipe — a um patamar totalmente novo.

QUANDO AS PESSOAS ESTÃO NO LUGAR ERRADO

Quase todos nós já trabalhamos em algum tipo de equipe na qual as pessoas tinham de desempenhar papéis que não condiziam com elas: um contador forçado a trabalhar com o público, um atacante de um time de basquete forçado a jogar no meio, um guitarrista tocando teclado, um professor limitado a trabalhar com papéis, uma esposa que odeia a cozinha assumindo toda a responsabilidade de cozinhar.

O que acontece com uma equipe quando um ou mais de seus membros atua constantemente "fora de posição"? Primeiro, o moral se desintegra, porque a equipe não está atuando em sua plena capacidade. As pessoas ficam então ressentidas. Ao trabalharem em uma área na qual o seu potencial não é devidamente explorado, elas entristecem-se porque aquilo que possuem de melhor não é utilizado. E outras pessoas, que sabem que poderiam ocupar uma posição atualmente mal utilizada, entristecem-se porque suas habilidades estão sendo menosprezadas. Em pouco tempo, as pessoas não se dispõem a trabalhar em equipe. E um clima de desconfiança se instaura. E a situação vai piorando. A equipe para de progredir, e a concorrência tira vantagem da óbvia fraqueza da equipe. Como consequência, o grupo nunca desenvolve seu pleno potencial. Quando as pessoas não estão no lugar onde desempenham bem suas funções, as coisas acabam não saindo a contento — para o indivíduo e para a equipe.

Ter as pessoas certas nos lugares certos é essencial para o sucesso do indivíduo e da equipe. Observe como a dinâmica da equipe muda de acordo com o posicionamento das pessoas:

> A pessoa errada no lugar errado: Regressão
> A pessoa errada no lugar certo: Frustração
> A pessoa certa no lugar errado: Confusão
> A pessoa certa no lugar certo: Progressão
> As pessoas certas nos lugares certos: Multiplicação

Não importa o tipo de equipe com a qual você está lidando: os princípios são os mesmos. David Ogilvy estava certo quando disse que um restaurante bem administrado é como um time de basquete vencedor. Ele retira o máximo do talento de cada um de seus membros e aproveita cada segundo de oportunidade para acelerar o serviço.

Anos atrás me pediram para escrever um capítulo para um livro chamado *Destiny and Deliverance* [Destino e libertação], vinculado ao filme da Dreamworks, *Príncipe do Egito*. Foi uma experiência maravilhosa, a qual apreciei imensamente. Durante o processo de redação, fui convidado a ir à Califórnia e assistir a alguns trechos do filme em fase de pré-produção. Isso me fez querer fazer algo que eu nunca havia querido fazer antes: ir à exibição de pré-estreia de um filme em Hollywood.

Meu editor providenciou-me dois ingressos para a pré-estreia, e, quando a hora chegou, minha esposa Margaret e eu fomos para o evento. Foi uma loucura, um acontecimento de alto nível, repleto de estrelas e produtores de cinema. Margaret e eu gostamos imensamente do filme e de toda a experiência.

Agora, qualquer um que tenha ido assistir a um filme, a um show ou a algum evento esportivo comigo sabe o esquema. Tão logo eu esteja certo quanto ao resultado do jogo, corro para a saída para evitar a aglomeração. Enquanto a plateia na Broadway aplaude o ato final, eu já saí. E no segundo em que os créditos de um filme começam a aparecer na tela, já me levantei da poltrona. Quando o *Príncipe do Egito* se aproximava do fim, comecei a me preparar para me levantar, mas ninguém no cinema se mexia. E então algo realmente surpreendente aconteceu. Enquanto os créditos passavam na tela, as pessoas começaram a aplaudir os indivíduos menos conhecidos, cujos nomes iam aparecendo:

o figurinista, o eletricista, o cabo *man*, o diretor-assistente. Foi um momento que jamais esquecerei — e uma grande lembrança de que todos os participantes têm um lugar onde eles aumentam o maior de todos os valores. Isso não somente ajuda as pessoas a desenvolver o seu potencial pleno, como também fortalece a equipe. Quando cada pessoa faz o seu trabalho, no melhor de sua capacidade, todos saem ganhando.

COLOCAR AS PESSOAS EM SEU LUGAR

O técnico Vince Lombardi observou certa vez que as realizações de uma organização são o resultado do esforço combinado de cada indivíduo. Isso é verdade, mas criar equipes vencedoras não é consequência somente de se ter os indivíduos certos. Mesmo que você tenha um grande grupo de pessoas talentosas, se cada um não estiver fazendo o que aumenta o valor da equipe, o conjunto não irá alcançar o seu pleno potencial. Essa é a arte de liderar uma equipe. Você tem de colocar as pessoas no lugar certo — e eu quero dizer isso da maneira mais positiva possível!

Para levar as pessoas ao patamar seguinte, colocando-as nos lugares em que elas utilizam seus talentos e multiplicam o potencial da equipe, você precisa...

1. *Conhecer a equipe*

Você não pode cultivar uma equipe vencedora ou um time vitorioso se não conhecer a visão, o propósito, a cultura ou a história do grupo. Se você não souber aonde sua equipe está tentando ir — e por que está tentando chegar lá — não pode conduzir o time ao seu potencial máximo. Você tem de começar de onde a equipe efetivamente está; somente então poderá levá-la a algum lugar.

2. Conhecer a situação

Embora a visão ou propósito de uma organização possam ser razoavelmente constantes, sua situação muda frequentemente. Bons cultivadores de equipes sabem em que estágio a equipe está e o que a situação exige. Por exemplo, quando uma equipe é jovem e está começando, a maior prioridade é, na maioria das vezes, conseguir boas pessoas.

Mas, à medida que uma equipe amadurece e o número de pessoas talentosas aumenta, então a sintonia fina se torna mais importante. É nessa hora que um líder deve gastar mais tempo encaixando a pessoa na posição certa.

3. Conhecer o participante

Isso parece óbvio, mas você deve conhecer a pessoa que está tentando colocar em uma área específica. Escrevo isso porque líderes tendem a querer fazer com que todos se conformem à sua imagem, e passem a analisar suas atividades usando as habilidades e métodos dele para solucionar os problemas. Mas cultivar uma equipe não é trabalhar em uma linha de montagem.

Madre Teresa, que trabalhou com pessoas durante toda sua vida, disse o seguinte: "Eu posso fazer o que você não pode, e você pode fazer o que não posso; juntos, podemos fazer grandes coisas." Ao trabalhar para fortalecer uma equipe, atente para a experiência de cada pessoa, para suas habilidades, temperamento, atitude, paixão, disciplina, firmeza emocional e potencial. Somente então você estará pronto para ajudar um membro da equipe a encontrar o seu lugar.

Comece por encontrar o lugar certo para você

Agora mesmo você pode não precisar colocar outras pessoas em sua equipe, e pode estar pensando em encontrar o seu próprio espaço. Se esse é o caso, então siga as seguintes orientações:

- *Seja seguro*: meu amigo Wayne Schmidt costuma dizer que nenhuma quantidade de competência pessoal compensa a insegurança. Se você permitir que suas inseguranças ocupem o melhor de você, será inflexível e relutante para mudar. E não há crescimento sem mudança.
- *Conheça a si mesmo*: você não conseguirá encontrar o seu espaço se não conhecer suas virtudes e fraquezas. Gaste tempo refletindo e explorando seus dons. Peça a outros que o avaliem. Faça o que for preciso para remover seus pontos cegos pessoais.
- *Confie em seu líder*: um bom líder o ajudará a começar a se mover na direção certa. Se você não confia em seu líder, procure outro, ou faça parte de outra equipe.
- *Enxergue o todo*: o seu lugar na equipe só faz sentido na perspectiva do todo. Se a sua única motivação para encontrar o seu espaço é o ganho pessoal, seus interesses inferiores podem impedi-lo de descobrir aquilo que você deseja.
- *Dependa de sua experiência*: finalmente, a única maneira de saber se você descobriu o seu espaço é tentar o que parece ser correto e aprender com os fracassos e sucessos. Quando você descobre aquilo para o qual foi feito, seu coração canta. Ele diz, *não há lugar como este*

lugar em qualquer lugar perto deste lugar! Portanto, este deve ser o lugar!

Um lugar para cada um e todos em seu lugar

Uma organização que luta para colocar a pessoa em seu devido lugar são as Forças Armadas norte-americanas. E isso é ainda mais verdadeiro agora, já que o exército norte-americano emprega uma força totalmente composta por voluntários. Se cada uma das várias funções em um comando militar não funciona no máximo de sua eficiência (e interage bem com todas as outras partes), problemas terríveis podem ocorrer.

Ninguém é mais consciente disso do que um piloto de combate. Tome como exemplo Charlie Plumb, que se aposentou como capitão da Marinha. Formado em Annapolis, ele serviu no Vietnã na década de 1960, voando em 75 missões a partir do porta-aviões USS Kitty Hawk.

Um porta-aviões é um lugar onde você pode prontamente observar todas as peças do "quebra-cabeças" militar se juntando e ajudando umas às outras. Um porta-aviões é descrito como uma cidade flutuante. Comporta 5.500 pessoas, uma população maior que a de algumas cidades de alguns membros de sua tripulação. Deve ser autossustentável, e cada um de seus 17 departamentos deve funcionar com uma equipe realizando uma missão. E essas equipes devem trabalhar juntas, como um time.

Todos os pilotos são muito conscientes do esforço de equipe exigido para colocar um jato no ar. Isso demanda centenas de pessoas usando dezenas de especialidades técnicas para decolar, monitorar, apoiar, aterrissar e manter a aeronave. Um número maior de pessoas está envolvido se esse avião estiver armado para combate. Charlie Plumb estava indubitavelmente ciente de que muitas pessoas trabalhavam incansavelmente para mantê-lo voando. Mas, apesar dos esforços do grupo de apoio aéreo mais bem treinado no mundo, Plumb foi capturado e levado a uma prisão norte-vietnamita depois que seu F-4 Phantom foi atingido em 19 de maio de 1967, durante sua septuagésima quinta missão.

Plumb ficou preso por seis exaustivos anos, parte do tempo no infame Hanoi Hilton. Durante esses anos, ele e seus companheiros de prisão foram humilhados, privados de comida, torturados e forçados a viver em condições sub-humanas. Ainda assim, ele não permitiu que a experiência o quebrasse. "Nossa unidade por meio de nossa fé em Deus e em nosso amor pelo país foi a grande força que nos manteve firmes durante esses tempos difíceis."

A VIRADA

Plumb foi solto em 18 de fevereiro de 1973, e continuou sua carreira na Marinha. Mas um incidente, após o seu retorno para os Estados Unidos, marcou sua vida tanto quanto sua prisão. Um dia, ele e sua esposa Cathy estavam comendo em um restaurante quando um homem veio até a mesa e disse:

— Você é Plumb. Você pilotava aviões no Vietnã.

— Isso mesmo — respondeu Plumb. — Eu pilotava.

— Foi o esquadrão 114 no Kitty Hawk. Você foi abatido. De paraquedas você caiu nas mãos do inimigo. Você passou seis anos como prisioneiro de guerra.

O ex-piloto ficou impressionado. Ele olhou para aquele homem, tentando identificá-lo, mas não conseguiu.

— Como é que você sabe disso? — Plumb finalmente perguntou.

— Eu preparei o seu paraquedas.

Plumb ficou sem saber o que dizer. Tudo o que conseguiu fazer foi lutar para ficar em pé e apertar a mão do homem.

— Eu devo lhe dizer — Plumb finalmente falou — que fiz muitas orações de agradecimento por seus dedos ágeis, mas não imaginei que teria a oportunidade de dizer obrigado pessoalmente.[2]

E, se a Marinha tivesse colocado a pessoa errada na posição de armador de paraquedas, a tarefa anônima e raramente reconhecida que aquele homem executou durante a guerra do Vietnã? Charlie Plumb não teria sabido onde a avaria ocorrera, porque não teria vivido para contar.

Hoje, Charlie Plumb é um orador motivacional para as quinhentas empresas da Fortune, agências governamentais e outras organizações. Ele sempre conta a história do homem que preparou seu paraquedas, e ele a usa para transmitir sua mensagem sobre trabalho em equipe. Ele sempre diz que, em um mundo onde a redução de pessoal nos obriga a fazer mais com menos pessoas, devemos fortalecer a equipe. Portanto, preparar os paraquedas dos outros pode significar sobrevivência. A sua e a de sua equipe![3]

Se você deseja preparar os paraquedas do seu pessoal, depois de capacitá-los, encontre o espaço onde eles florescerão. Essa é a melhor maneira de fortalecê-los. Eles crescerão à plenitude de seu potencial, e a sua equipe subirá a um patamar totalmente novo.

Notas

Capítulo 1

1. BANKS, Don. "Teacher First, Seldom Second, Wootten Has Built Monument to Excellence at Maryland's DeMatha High," *St. Petersburg Times*, 3 de abril de 1987, www.dematha.org.
2. FEINSTEIN, John. "A Down-to-Earth Coach Brings DeMatha to New Heights," *Washington Post*, 27 de fevereiro de 1984, www.dematha.org.
3. WOOTTEN, Morgan e GILBERT, Bill. *From Orphans to Champions: The Story of DeMatha's Morgan Wootten*. New York: Atheneum, 1979, pp. 24-25.
4. PLUMMER, William. "Wootten's Way," *People*, 20 de novembro de 2000, p. 166.
5. WOOTTEN e GILBERT. *From Orphans to Champions*, pp. 12-13.

Capítulo 2

1. MAXWELL, John C. *The Winning Attitude: Your Key to Personal Success*. Nashville: Thomas Nelson, 1993.

Capítulo 3

1. "Edwardian Conquest", 14 de junho de 2001, www.britannia.com/wales.
2. "Packing Parachutes", citação de uma fita de áudio, www.charlieplumb.com.
3. "Charlie Plumb's Speech Content", www.charlieplumb.com.

Este livro foi impresso no Rio de Janeiro, em 2016,
pela Edigráfica, para a Vida Melhor.
A fonte usada no miolo é Joanna MT.
O papel do miolo é avena 80g/m², e o da capa
é cartão 250g/m².